企业是改变世界的最伟大平台

# 开拓者

[美] 马克 · 贝尼奥夫 Marc Benioff　莫妮卡 · 兰利 Monica Langley 著

# TRAILBLAZER

THE POWER OF BUSINESS AS THE GREATEST PLATFORM FOR CHANGE

中国青年出版社
CHINA YOUTH PRESS
中青文传媒

**图书在版编目（CIP）数据**

开拓者：企业是改变世界的最伟大平台 /
（美）马克·贝尼奥夫，（美）莫妮卡·兰利著；裘晔译.
—北京：中国青年出版社，2021.8
书名原文：Trailblazer: The Power of Business as the Greatest Platform for Change
ISBN 978-7-5153-6438-4
Ⅰ.①开… Ⅱ.①马… ②莫… ③裘… Ⅲ.①企业领导学 Ⅳ.①F272.91
中国版本图书馆CIP数据核字（2021）第115977号



## 开拓者：企业是改变世界的最伟大平台

**作　　者**：〔美〕马克·贝尼奥夫　莫妮卡·兰利
**译　　者**：裘　晔
**责任编辑**：肖　佳
**美术编辑**：佟雪莹
**出　　版**：中国青年出版社
**发　　行**：北京中青文文化传媒有限公司
**电　　话**：010-65511270 / 65516873
**公司网址**：www.cyb.com.cn
**购书网址**：zqwts.tmall.com
**印　　刷**：河北华商印刷有限公司
**版　　次**：2021年8月第1版
**印　　次**：2021年8月第1次印刷
**开　　本**：787 × 1092　1/16
**字　　数**：186千字
**印　　张**：16
**京权图字**：01-2020-2283
**书　　号**：ISBN 978-7-5153-6438-4
**定　　价**：69.00元

# 目录 CONTENTS

PROLOGUE

# 前　言

本书的缘起，还是要从1996年夏天旧金山的一个美丽、晴朗的清晨说起。从我当时居住的公寓窗户望出去，看到的海湾美景令人惊叹不绝，可我当时却毫无兴致。我躺在床上，完全没有足够的意愿或者能量爬起来。

当时的我，在全世界发展最迅猛的软件公司之一的甲骨文，已经获得了我能想象的最好的工作。刚刚离开校园，顶着一头蓬松的乱发，经常身着奇奇怪怪风格的夏威夷花衬衫的我，不知怎么就引起了这家公司富有远见的创始人拉里·埃里森的注意。只用了4年时间，我就被提拔当上了副总裁，是有史以来出任这个职务的最年轻的一个，很快我就开始享受百万美元的年薪、公司股份，以及随之而来的各种津贴。

可是那个工作日的清晨，在位于电报山的公寓里，我躺在被子底下，一动不动。我并不觉得快乐，也没有感到满足。

在众人眼中，我可能正在实现美国梦，实际上我迷失了方向。

当天晚些时候，我挣扎着把自己拖进了办公室，看到了拉里，跟他说了我状态不佳。他的提议既轻松又直接："要不你休个公休假？放3个月假，到处逛逛散个心。"他又加了一句，"然后重新振作精神。"

说实话，我当时连“公休假”这个词什么意思都不清楚。不过拉里是我的导师，所以我对他的建议十分信任。当天再晚些时候，我给我的朋友阿琼·古普塔打了个电话，跟他说了我当时的状况。他当时刚刚辞去了自己的工作，准备去开创一家新的公司，所以他提议我们一起去尼泊尔和印度旅游。我只是觉得这个旅游计划看起来是个转移注意力的好选择，完全不知道这次出行将会怎样改变我的人生。

最终，在印度南部，靠近阿拉伯海的特里凡得琅城里，我找到了自我。我们去那里，只为了一个原因。早些年的时候，我跟玛塔·姆里塔南达马伊阿妈有过一面之缘，这位非常温柔和智慧，被人们称为“拥抱圣人”的女士，给数以万计的追随者们提供过灵性指引和抚慰。我心中暗暗地希望她的智慧和享誉天下的治愈性拥抱，能帮我再次找回自我。

在弥漫四处的印度教唱颂以及香火烟雾之中，我和阿琼告诉了她我们在商业上的志向，以及我们怀疑我们现在的迷茫正是跟这些志向有关。然后阿妈满怀慈悲而又坚定地看着我们说：“你们在追求成功和赚钱的过程中，也别忘记为其他人做些什么。”

听了这些话，创办赛富时（Salesforce）的想法就开始萌芽了。理性上，我很清楚自己想要创办一家新兴科技公司，可是感性上，我还希望这家公司能致力于回馈社会。这颗种子，就是在特里凡得琅城里的那天埋下的。两年后，我离开了甲骨文的安乐窝，打算将之付诸现实。

1999年我们签署Salesforce公司的成立文件的时候，就希望能确保回馈社会这个理念能深植于公司文化之中。当然，我期待Salesforce在传统衡量标准上能获得成功——不过我同样认为它应该对这个世界产生积极的影响。因此，从一开始，我们就决定要确立作为公司基石的价值观。最早的时候，它们是信任、客户成功和创新；后来，我们又加上了第四个，平等。我们还决定，无论公司增长到多大规模，我们将始终将我们的股权、产品和员工时间各留出1%，用于慈善，这就是我们称之为“1-1-1”的慈善模式。

假如你还不太熟悉我们的话，那请记得是Salesforce率先通过云计算为各种规模的组织提供重要的“客户关系管理”，或者简称为CRM的软件服务的。作为同行中，最早允许客户下载我们的产品并且将他们的数据存储于云端的公司之一，我们开创出了一套全新的商业模式，让大大小小的企业以订阅，而不是以长期合同的方式来使用更加智能的科技工具。

几年前，我认为Salesforce自2004年上市以后市值从10亿美元一直涨到超过1200亿美元，主要是因为我们的商业经营表现出色。不过如今我已经明白，我们成功的最强劲动力来源，并不是我们的软件，我们的人员，或者我们的商业模式，而是我们在1999年做出的将公司文化围绕价值观进行建设的那个决定。

这不只是我的个人观点。越来越多的证据表明市场会回报那些经营向善的企业，同时那些带有社会使命感的公司也更容易获得成功。在像科技这样竞争激烈的行业，能否吸引顶级人才决定了企业的盈亏。往往是一些无形的东西——比如多元、包容、价值观驱动的文化——决定了那些最优秀最聪明的天才愿意在哪里供职。

在刚过去纷繁复杂、起伏不定的几年间，在经历困惑、疲乏和欣喜后，我逐渐意识到是我们的价值观真正定义了作为一家公司，我们是谁。这些价值观不是高高耸立在我们旧金山公司总部办公楼顶的那些装饰性塔尖，它们是地基中的混凝土和钢筋。每一次，就是它们在确保整栋大楼免于倾覆。

我写这本书，是为了分享在将Salesforce从一家资金短缺，在我旧金山老公寓隔壁办公的初创公司，发展到成长速度最快，并且在历年最受赞赏的公司及最适宜工作的公司排名中，名列前茅的科技公司之一的这段旅程中，我所学到的经验教训。不过这本书并不仅仅讲述了我的旅程——或者是Salesforce的旅程。这本书讲述了在一个公司实力取决于其采纳的原则的世界里，为了能发展壮大，该如何去打造企业文化，使得经营有方和经营向善浑然一体。我并不打算装出一副已经掌握所有答案的样子，不过我希望无论你身处哪个行业，这本书都能鼓励你，将你的价值观带到工作中。

PART Ⅰ 第一部分

# 价值观创造价值

Values Create Value

## A New Direction

# 新的方向

出席这个大型论坛的是一群有着全球影响力的人：政治领袖、企业高管、行政官员、学术专家、媒体记者和政策专家。我的两边坐着4个发言嘉宾，都是颇有名望的技术公司的首席执行官以及思想领袖。在我们身后，论坛的标题以巨大的字出现在大屏幕上。这其实不是一个标题——更像是一个颇有分量的提问："我们信仰科技？"

当我们喝着水，整理着衣服上的皱褶时，论坛主持人、商业记者安德鲁·罗斯·索尔金开始了发言。他提到公众对科技公司的信任感的日益消退，正是"当下最关键和最重要的讨论，无论是在哪个行业"。

他说得没错。在2018年初，科技行业经历了严重的信任危机。最近令人震惊的脸书侵犯隐私事件，让大部分美国人很难接受。聚集在年度达沃斯世界经济论坛的人们，头脑中都有一个问题：我们该对此做些什么？

科技是我奉献毕生的领域。当今计算机的进步给我们的生活和工作带来的变革，常常让我惊叹。过去十年常常被称作第四次工业革命的开端，我们看到了在人工智能、量子计算、基因工程、机器人技术和5G通信领域的巨大进步。数字化信息流动的速度和规模，在十年前无人能想象得到。人工智能和机器人领域的进步正在打破人类和机器之间的壁垒。我们这颗星球上的所有人和事物，都在逐渐联结起来，带来无人可以预见的商业挑战与破坏。

我一直都相信，科技有以奇妙的方式让世界变平的潜力，能营造一个更开放、多元、互信、包容的社会，同时给亿万人口创造出过去无法想象的各种机会。在2020年，持有手机的人数会比家里接通了电力和自来水的人数可能还要多。

但是我们也逐渐意识到科技并不是万灵药，科技带来的好处，还远未得到保证。新的压力与危机已经出现，伴随而来的是我们从未考虑过的道德难题。全球范围的不平等鸿沟引发了对组织机构的信任危机，而那些复杂的社会经济问题，包括隐私、伦理、教育、未来的工作，以及这颗星球的健康，已经频繁地以令人不舒适的方式，进入到公司的议程中。在达沃斯那个下雪的早晨，一个简单的事实变得非常清楚：这些问题不能再被看作非营利机构、活动家或慈善家的事了。每个企业，不管是成熟的还是新创的，都要去努力理解在一个顾客拥有更高道德与伦理标准的世界应如何运营。

新的一天已经破晓，不管我们是否准备好。

同时，我从Salesforce的员工、客户以及其他利益相关者那里一直听到的信息很简单：世界在改变，企业的本质以及如何运营企业需要演变。这些不是暂时的或增量式的改变。它们是结构性的、永久的。为了迎接未来的挑战，每个企业最需要的核心要素就是信任，而这也是Salesforce 20年前奉为第一的价值观。

在开场发言里，字母表公司（谷歌的母公司）的首席财务官露丝·波拉特表示她不相信公众对谷歌已经失去了信任。她指出，毕竟人们还是每天不停访问谷歌平台，进行万亿次数量级的搜索。这样的观点，也是我之前经常从我的同事那里听到的。

当轮到我发言的时候，我说道："信任应该成为你公司的最高价值观。如果不是这样，不好的事情将会发生。"

我能感到会场内的不安情绪。在短暂停顿后，我开始指出历史上其他监管者玩忽职守的时刻。我将科技和信用违约掉期、含糖制品、烟草制品相提并论，暗示公司被允许向客户推销所有这些有害的产品，即便有保护公众的法规，这些公司也不受这些法规约束。我们的行业常年没有监管。我继续说道："如果首席执行官们不准备承担这份责任，"我说，"那我觉得除了让政府介入以外，就别无选择了。"

当我从达沃斯回到国内，手机铃声就没停过。科技行业的大佬们不停来电，一个接一个地说我背叛了他们。不用说，我发表了关于这个行业不同的观点，跨过了某种虚拟的界限。而且他们对此很不高兴。我妻子琳恩开玩笑地管我叫"监管者"。

当时有一种恐惧感。作为一个技术的终生拥护者，我对于自己批评家的这一新角色感到很矛盾。但再多的责难也无法让我接受，对于一家企业的成功来说，发展、创新、利润或其他动机，比建立与维护人们的信任更重要。

我决定写这本书，因为我坚信我们已经走到了第五次工业革命的边缘，那些将在第四次工业革命中开发出来的科技运用于改善世界状况的企业将赢得信任。在未来，除非立足于切实且持续努力地提升人类整体境况，否则技术创新将无法朝着一个正向的方向发展。公司以及公司的领导者再也不能将商业目标与他们身边的社会问题分开，他们的使命再也不能是在发展企业与回馈社会、获得盈利与改善公共利益、创新与让世界变得更好之间二选一了。

企业必须将二者融为一体。通过向善经营实现经营有方，不再只是一个竞争优势，而是企业不可或缺的。

我写这本书，因为我相信每一家公司，每一个个体——从新入职员工到高管，都有潜力成为改变世界的平台。这不单单因为这么做是正确的行为，还因为在未来，获得成功需要这样做。

2018年那个下雪的周末，我终于意识到局势的变化。Salesforce，我领导近20年的公司，引领我向新的方向前进。

很多企业会谈价值观，但在艰难时刻，当价值观最重要的时候，高管常常忘了它们。当他们做重大商业决策时，价值观只是钉在墙上的昂贵奢侈品。如果某个新产品或者方案并不能推进这些价值观，很多首席执行官会远离这样的冲突，聊以自慰。他们说服自己，监管用户如何使用他们的产品，不是他们的事。

在之前的3本书中，我都写到了公司责任。在《有同情心的资本主义》一书里，我首次提到企业该如何将经营向善整合进经营有方之中。在《改变世界的企业》这本书里，我也分享了一些首席执行官把慈善事业作为他们企业关键部分的故事。在《云攻略》里，我回顾了创建Salesforce业务的头十年的大事记，以及我们是如何把慈善事业整合到公司的。

但现在我写《开拓者》，是意识到在Salesforce真正在发生什么。我们面临一系列领导力的考验与挑战——这一颠簸，时而痛苦，偶尔鼓舞人心的过程——最终改变了我看待企业的未来的方式，颠覆了我对是什么让企业成功的认知。

如果说本书我分享的经历教会了我一件事情的话，那就是艰难时期是价值观与文化最重要的时候。在Salesforce，不管我们最开始是否正确，我们选择的道路，是最支持我们共同价值观的道路。我们并非偶尔如此，而是一直如此。

如果只有公司管理团队来指导这些决策过程的话，那我要讲的故事将是完全不同的。事实上，如果不是我们的每一个重要决策，都是在我们的利益相关者——员工、客户、合作伙伴、投资人，以及我们生活和工作的社群——的影响下做出的，我们将无法经受挑战，达到现在的高度。

为了在未来获得成功，每个企业的每个人都需要打造新的道路。因为不管你做什么，或者你在哪儿工作，每个人都能为创建一个成功的企业以及一个更好的世界做出贡献。如果本书的核心假设可以归纳为一点，那就是植根于价值观的文化创造价值。

我真诚希望本书将激发你审视你的内心，提出正确的问题，开拓你自己的道路。你接下来要做的才是关键。

# 1

# 起　源

## 旧金山的贝尼奥夫一家

关于我，有两点让人觉得吃惊的事实：我大学毕业了。不仅如此，我的专业是商业。

跟科技行业里那些同行相比，我的简历可谓让人耳目一新。无数的硅谷创始人以及首席执行官们骄傲地承认他们为了追求梦想而退学。“辍学亿万富翁”的故事为什么如此多已经不是什么秘密。它们通常很吸引眼球，也很对杂志编辑，以及好莱坞电影编剧的胃口。同时，这也迎合了那个认为个人成功主要来自强大的决心和意愿的古老神话。

我坚信高等教育所拥有的启蒙力量，但我不认为上大学就能让你成为卓越的企业家。在南加州大学上的课程让我成为一个能力更全面，同时拥有好奇心的人。不过我曾经历过的最严峻的商业挑战，尤其是最近的那些，是那些20世纪80年代给我上课的教授们想象不到的。

但是，有一点我是符合典型的科技公司企业家的轮廓的。我第一间，以及对我成长影响最深的商业课堂，根本不是真正的课堂。

它不是我的地下室计算机房，不是我的第一份工作，也不是我早期向投资人推销的董事会会议室。那是一个安在4个子午线轮胎上，要用含铅汽油的课堂，就是我爸那台1970年款的别克旅行轿车。

贝尼奥夫家那台别克车，是一辆巨大的汽车，长将近19英尺，有仿木镶板。夏日午后我爸开车带我出去时，我光着的腿经常被粘在乙烯基材质的座椅上。大部分情况下，这辆老别克就是让我爸妈、我的两个妹妹，还有我，从A处到B处的交通工具而已。不过，一到星期天，它就成了一辆送货车。

我爸爸罗素，拥有一家名叫“斯图亚特成衣”的女装连锁店。一到周末，他就会沿着旧金山湾区绕一个大圈，在他的6家店铺之间运送货物，我常被叫去帮个手。我们把车停靠在仓库门外，翻下车后门，然后抱着成捆的羊毛、麻布、人造丝、棉布、绸布和涤纶进进出出。

他的店铺散布在整个湾区，有时候从旧金山开车过去要花上一个小时；所以每个星期天的这个固定事项，往往占据了一天大部分的时间。当我没有盯着车窗外，沉浸在自己的内心世界的时候，我就在琢磨我爸爸是怎么经营的。

在整个一周的时间里，爸爸会把所有在售货品的数据收集起来，然后把最受欢迎的货品运到销售最佳的店铺去。我曾听到他嚷嚷了句貌似是“我们得在Valley Fair购物中心摆点粉红色的安哥拉羊毛衫”，就扔下他吃了一半的晚饭，风驰电掣般地出门了。20世纪70年代某段时间里，狐狸毛和兔毛大衣生意火爆，于是我爸也很忙，而且数不清持续了很多个晚上，只要他手下有个店经理电话打过来，他就立刻把货品挂在他装在别克车载货区的那根栏杆上，呼啸而去。

我爸性格并不暴躁。他身材魁梧，2米高，跟我差不多，可绝对是个脾气很好的人：平易近人，不高高在上，待人礼貌有加，而且总是乐于助人，只是跟他们那一辈很多人一样，情感上比较内向。因为经历过大萧条时代，他一辈子都很节省，基本上只去那些大号尺寸服装卖场的折扣货架上买衣服。他买的每辆车——包括那辆别克——都是二手车。

我爷爷，弗雷德·贝尼奥夫，他和他两个兄弟跟着他们的爸爸从基辅（当时属于俄罗斯帝国）移民过来，19世纪末到了旧金山，从事皮毛买卖。除此以外，我对我爷爷就了解不多了，在我爸岁数很小的时候，弗雷德就离开了他的妻子和孩子，他们就此再没说过一句话。我奶奶，海伦，最终想方设法清除了前夫对贝尼奥夫皮毛公司的控制，自己经营了起来。这家公司在整个西部地区都有零售代销店，她不得不疲于奔命，所以我爸爸和他兄弟都是靠亲友帮忙抚养大的。

1966年，我刚满两岁，爸爸就决定退出家族的皮毛贸易公司，打造他自己的事业——没多久他就成为“斯图亚特成衣”的首席执行官，兼任首席财务官、首席采购员、市场部总监和销售部主管。这就意味着大多数夜晚，他如果没到洛杉矶或者纽约出差的话——他经常去那里的时装区领略一下新的款式——就是在厨房餐桌前忙到11点，手工记账。由于他自己管理全部6家店铺的库存，他的周末就总是在把裙子和运动装从一个地方拉到另一个地方中度过。他唯一的爱好，就是玩多米诺骨牌，以及偶尔去钓个鱼打个猎什么的。

我从来不喜欢杀生，不过小时候我也是经常扛着一杆12号霰弹枪的。跟爸爸在加利福尼亚圣华金谷的桔园里打野鸭、鸽子、鹿，甚至野猪，去太浩湖附近的特拉基河钓鱼，将女式长裤和衬衫运来运去，都是我童年生活的一部分。我谈不上有多喜欢这些活动——或者说，其实根本就不喜欢——可我跟爸爸在一起，就只能参加这些活动。

那些跟着车在店铺之间来回运送货品的星期天，总是那么漫长无趣，不过它们也帮我很早就意识到了我对零售行业毫无兴趣；这是我爸爸跟我之间诸多鲜明的区别之一。罗素·贝尼奥夫一天到晚在外头跑，也很懂得随机应变，可他不具有科技思维。我，则相反，对电子设备如痴如醉，据我妈妈乔薇儿说，我4岁的时候就把家里的电话机拆了再重装了起来。而每次外婆来看我，我都缠着她带我去一趟无线电屋电子大卖场。

12岁的时候，我从二楼的卧室搬到了地下室去住，在那里我可以不受干扰地专注于我唯一的兴趣爱好。两年后，我在无线电屋电子大卖场买了我的第一台TRS-80计算机，立刻就远离了模拟信号的世界。在15岁时，掌握了基本的编程语言后，我写了个简单的小程序，起了个名叫“杂耍指南”。我把这个小程序投稿到了一家计算机杂志，他们付了我75美元。可以说，从这时起，我就被计算机的世界迷住了。

在我16岁生日那天，我拿我的TRS-80交换了一台Atari 800，带一个独立的光盘驱动器和一台打印机。从那个暑假起，我开始在“计算机天地”大卖场兼职，并且在工余时间，创建了我的第一家公司，起了个很性感的名字：Basic Computers，就是根据我当时深爱着的BASIC编程语言起的。

我还开始给计算机游戏写评论。当我看到有些游戏有程序上的毛病，我就会给开发者写信，提议免费帮他们修正。没多久，我就开始自己编写游戏了。我第一部作品，《亚瑟王之战》，情节曲折跌宕，出场人物有亚瑟王和加拉哈德骑士，玩家要在追寻“真理卷轴”的过程中，不停击败一系列对手。

正是这款游戏，以及之后我不断开发出来的其他作品，帮我在6个月里挣了5000多美元，在我那个岁数来说，就是一笔巨款了。我用这笔钱买了我人生第一辆车，一辆黑色的丰田Supra，注册了一个很特别的车牌号码："MRB 82"[1]。那些年我靠这些游戏挣的钱，后来都拿去付了我的大学学费。

现在回首，我爸妈当年不仅包容我的古怪行为，甚至给予我足够的独立空间来自由发展，这点依然让我感叹不已。当我告诉别人我12岁就被允许把家里地下室改成我的私人住处时，他们总是（无一例外地）会大吃一惊。事后看来，当我拿到驾照当天就宣布说要出差，开车去山景城的一家计算机公司，远过我之前曾独自驾驶过的任何地方，我猜妈妈可能并不太乐意，可是她还是让我去了。还是在那个暑假，当我问能不能自己一个人飞去英国，为我制作的游戏去考察一下那里的城堡，妈妈也答应了，只是我必须住在她在利兹的朋友家里，而且保证每天晚上给家里打电话。

我妈妈的说法是她之所以任我行事，是因为她知道我生性固执，不答应也没用。事实上，我很明白，她在我身上看到了一些别人看不出来的潜质，愿意让我去发展一下，哪怕这么做会让她夜不能寐。不管她还是爸爸，都无法充分理解计算机到底有什么能让我如此痴迷，可是他们尊重我在我热爱的事物上付出的努力，我强烈的意愿，以及毫不动摇的决心，并认为等我长大以后，这些品质会让我受益匪浅。

---

[1] 译者注：MRB是作者姓名的首字母缩写，82代表1982年购买的车。

# 与众不同的遗产

当妈妈在医院里刚生下我以后，就要填一张表格，给她才一天大的孩子起个法定名字。“马克”这个名字早就定好了，是为了表示对我外公的敬意，可我的中间名，她当时写的是她娘家姓，“刘易斯”。刚写完，带着一股罕见的冲动，我爸爸坚决地把“刘易斯”划掉，在那一栏写上了他的名字“罗素”。我妈妈同意了。“也挺好的，”她觉得，“生了个儿子能让他这么激动也挺好！”

我也不知道我是否成为爸爸那一天心里期待的样子。令我感激的是他在有生之年看到Salesforce兴盛起来，而且我知道他为我感到自豪。我们从来就是截然不同的人，所以从很早起，就明摆着我绝不可能有朝一日接管他的公司。不过毋庸置疑的是，我爸爸的从商生涯，给我的职业生涯带来了深远的影响。

就在那无数个在旅行轿车里度过的星期天，我爸爸的职业道德和坚定的正直品格让我印象颇深。无论是账本还是库存，都没有什么不规矩的地方，一切都是严格按照规章制度操作的。对他来说，所有商务决策总是非黑即白，非对即错。作为我爸爸，他有时候和我有点疏远，可是他在工作中却能建立起深厚真挚的人际关系，并且愿意不惜代价地让他的员工和客户感到满意——就像这一点是经营一家公司的全部所在。

尽管当时还只是青少年，只要一想到我爸爸花费了这么多时间在出差跟供应商会面，运送货品，和给公司记账这些事情上，我对于在模拟信号时代经营一家公司有多难感到很震惊。在我看来，他好像被一些商务初级任务羁绊着，他埋头苦干，却鲜有时间来关注一下整体大格局是怎么样的。

我明白爸爸当时不喜欢讨论计算机的那些事情，也无法理解它们日益增长的力量，不过有些时候，当我们在给货品拆包的时候，我会求他让我给他搭建一个客户数据库，把邮寄促销单页广告这个单调乏味的工作简单化。最终，他不情不愿地同意了。不过，可以说他从未真正相信软件能让他这些日常工作更简单、高效。

1999年，当我告诉爸爸我打算辞去在甲骨文公司薪资丰厚的高层管理职务，去创办自己的公司的时候，他表示了反对意见。他跟我说我在甲骨文颇有前途，一点不假；我当时足够幸运，拥有很高的工资，拉里·埃里森也是个很不错的老板。可我当时已经打定主意了。现在回望，我不由得会想，要是爸爸当时知道正是他的榜样，燃起了我内心追求的话，他是否可能会做出截然不同的反应？

创建Salesforce背后的宏大构想，是让任何一家公司都能更容易地通过云端（当年还只是被称为“互联网”），来使用所有必要的基础软件，管理他们的运营和客户关系。我希望他们不用再购买大量占用空间、价格不菲的服务器，从甲骨文或者微软购买软件，以及雇用一大群IT专业人员来安装软件，然后每隔几年就要升级到新版。我希望像爸爸那样的小公司业主们，只需支付一笔订阅费，就能在他们的互联网浏览器上迅速打开最新版的软件，且不会比他们在亚马逊网站上买一本书花费更多工夫。

用专业术语来说，Salesforce投身于“客户关系管理”（或者简称CRM）行业，但我们提供的服务比这个名字听起来要更广，更必不可少，与客户的关系也更密切。消费者可能对我们的软件不熟悉，但是在一家企业内部，Salesforce是基础设施中的根本要件。毕竟，任何企业最有价值的资产，就是它跟客户之间的关系，所以我们最初的愿景就是为任何规模的企业提供更智能、更直观的方式，以便它们在销售、市场营销、客户服务和电子商务领域与客户联结。到后来，我们开始提供一些工具，帮助这些企业来实现新的功能，定制应用程序、分析数据和创建预测模型。

尽管现在看起来显而易见，不过我还是许久以后才把这个宏大构想的演化，跟其根源——我爸爸作为“斯图亚特成衣”店所有者的经历——联系起来。要不是我近距离观察到他在经营这家小公司时必须兼任那么多头衔，以及需要花费那么多时间来确保正常运转，我根本不可能明白Salesforce提供的那些服务，对跟他类似的人们的意义何在。

从很小的时候起，我就一直将自己看作独立的人，跟我爸爸在很多方面有区别。从某种程度上来说，创建Salesforce是一个孝顺儿子的行为，就仿佛我试图穿越到过去，想要减轻爸爸的负担一样。我没有接手他创办的公司，也许看起来没有跟随他的脚步，不过说到底，我职业生涯想要解决的问题就是他的经营困扰。

不仅如此，我逐渐发现，在某种意义上，Salesforce的商业模式，以及我的领导方式，都体现了我爸爸的指导。他对客户和员工的真挚关心毫无疑问对我产生了影响，这也解释了，为什么“客户成功”是Salesforce的核心价值观之一。他还给我灌输了财会操作要简单真实的重要性，这也解释了为什么我总是很看重诚信和透明。

没有我妈对我无私的爱和信心，我不确定我会成为什么样的人。但同样清晰的是，我的职业生涯不可避免地跟我从我爸身上学到的东西有关，这也再次见证了导师的力量可以有多大。但他并非我唯一的导师。

当我们刚创建Salesforce的时候，我并没打算创办一家得过且过的小公司。我希望这家公司能达到世界级规模，成为行业领导者，同时也能为公众利益尽力。

这个目标，毫无疑问是受到了贝尼奥夫大家庭另一名成员的影响。

## 热衷于进步

到了我大约7岁的那年暑假，贝尼奥夫家那辆别克车开始运送一类新的货品了。货品的独家收货人，就是我的外公，马文·刘易斯，而被运送的货品，就是我。

我外公在迪洋大楼里开办了一家颇负盛名的律师事务所。迪洋大楼是一栋11层高的庄严商务楼，矗立在旧金山市中心科尔尼街和市场街交会口。我小时候觉得绝大部分高层建筑都看起来差不多，不过外公总是会告诉我这栋楼与众不同。每次爸爸妈妈把我送到他那里时，他都会提醒我说19世纪90年代当这栋楼竣工启用时，可是当时西海岸地区最高的楼。

我一到外公那儿，外公就会取下挂着的大衣和帽子，带我出门。我们坐电梯下楼，走进大理石铺就的大堂，穿过庄严宏伟的铜皮大门，就走到了熙熙攘攘的人行道上。外公会迈起轻快的步伐，而我则尽量跟上他的步伐，急切地想要在这个二人行进的队列里，演好自己的角色。

我管这些出行叫“行进”，是因为感觉上的确如此。顶着一头银发，身着完美手工定制的外套，马文·刘易斯看着就气宇不凡。我爸爸有多谦逊寡言，我外公就有多显眼拉风。当所有目光都聚焦于他之时，他才会觉得活力充沛，而且不过分地说，人们的目光总是会聚焦在他身上。

身为一名律师，外公以代理那些引人注目而又颇有难度的案子闻名于世。1959年，他的一名女当事人在其租住的公寓里，踩穿了木制楼梯坠楼后引发精神失调，他通过代理此案，成为提出“心理伤害”这一法律概念的先驱。那位起诉房东的女士琼恩·戴梅尔被判获得101 000美元的赔偿金。他是加利福尼亚庭审律师协会的创始人和第一任会长，并最终当选美国庭审律师协会的会长。不管是在法庭上为某个案子抗辩，还是带着他那个害羞、胖乎乎、头发乱蓬蓬的外孙来个午后散步，他都搞得像是一场重大活动似的。

我们俩的这些旅途并没有固定的路线或者目的地，不过都有一个共同的目标。这些出游都是为了教育我，大致围绕着外公最喜欢的主题：进步。

马文·刘易斯对规模巨大、气势恢宏的市政项目很热衷，这也解释了他对迪洋大楼的敬畏之心。有一次，当我们的路线经过泛美金字塔大厦的建筑工地时，他转过头跟我说：“这个城市将会像这座楼一样成长。”

还有一次，当我们驻足使命湾时——这里曾遍布船坞、铸造厂、仓库和工厂，当时是一片荒地——他大胆地（也是正确地）声称有朝一日，“这里将会成为旧金山的未来”。

我当时真的相信他有预见未来的魔力。

外公也曾涉足政坛，第二次世界大战结束之际，他开始担任了11年之久的旧金山监督委员会成员。在那个岗位上，他将自己强大的说服力聚焦在了一项民生工程上：建造一个全新、完全现代化的大众交通系统。

1954年，马文·刘易斯公布了一个建造长约15英里（约24公里）、穿越市中心核心区域的单轨铁路系统的方案。由他牵头，为这个后来被称为“湾区捷运系统”的新项目提供资金而发行的联邦债券，是该市有史以来最大规模的一次。1972年，当湾区捷运最终投入运行时，大获好评。《财富》杂志写道，“世界上最优质的城市轨道交通系统”。那些先进的自动驾驶的车厢重量轻巧、外形流畅，而且完全由计算机控制。

外公建设湾区捷运，其对未来的愿景不只是这些闪耀的快速列车。他不会为了建造吸引眼球的东西而去建造吸引眼球的东西。他的愿景同时受到了他对进步的定义的影响。他的观点是，市政项目并不真正重要，除非它能同时促进旧金山这座城市的根本价值：机遇、平等和包容。

让城市居民得以快速且低成本地在市中心和郊区间通勤，在他看来，湾区捷运将会给人们带来获得更好的工作，以及更充实的生活的机会。他还预见到这将减轻横跨海湾的桥梁上日益严峻的交通拥挤问题，并且缓解这些交通导致的环境污染问题。

外公致力于给全体市民提供机会，并不是矫揉造作。在我们外出散步时，有时候我们会在市场街上遇到某个无家可归者。他就会掏出钱包，递给他们一张20美元的钞票，在当时，在素不相识的人之间，这金额极其可观了。对他而言，湾区捷运项目只是这种利他行为的一个延伸而已。他觉得市政府为市民投资建造大型基础工程项目是理所当然的，只要这些项目真的能为大众利益服务。

我爸爸带给Salesforce的影响是基础性的，不过基本上是悄无声息、注重实用和注重关怀，就像他自己本人的性格一样。外公的贡献，则截然不同，高歌猛进、肆意张扬、立意崇高，总而言之，绝不可能会被人忽略。

在我们签署公司成立文件的那天，我就知道想要在首席执行官这个角色——其实，同时也是在人的角色上——获得成功，就必须要让未来每一位员工，在自己的工作中找到意义。要是说我爸爸的例子教会了我什么的话，就是这个意义不是你从事何种工作，或者你挣了多少钱，而是拥有这样一种思维方式：你的工作，以及你以正直的方式完成你的工作，是很重要的。

也就在那时候，我决定我的首要职责就是营造一种文化，让人们每天走进办公室时感到自己的工作是至关重要的，并且自己持续不断付出的努力并不仅仅是为了公司的净利润，而是在一些事情上做出贡献。从一开始就融入志愿精神和回馈社会的理念，我们就能打造出一种带有意义的文化。

因此我打定主意，不管Salesforce有多壮大，它会将其产品的1%、股权的1%和员工时间的1%，用来帮助非营利和慈善机构。就我来说，毫无疑问这一决定，至少有一部分是受到我外公的观点的影响，那就是进步应该让人们获得提升。

在1999年春季创建Salesforce的时候，我们写下了第一版价值观。即使当时只是一家小型初创企业，我们的宏大愿景是打造一家世界级互联网公司，以及销售自动化方面的领导者。要做到这点，就不光是招募优秀人才、输出有用产品这么简单了。决定我们能否成功的，将是我们创建一种坚持自我价值观的文化的能力。

在当今时代，有一个天大的误解，就是觉得企业只能选择一条途径：要么成为盈利的组织，要么成为变革的平台。其实并不然。根据最新的一项研究显示，81%的美国人认可“企业应该在处理社会面临的重大问题采取行动”，还有76%的美国人认可企业应当“坚持他们在政治上的观点立场，无论其是否富有争议”，而且这些比例还在不断增长，并会随着我们所处的世界的复杂程度同步上升。

无论用哪个尺度衡量，Salesforce一直经营有方，也一样经营向善。在我写下这些文字之际，也就是在创办公司20年后，我们的1-1-1企业慈善计划已经提供了约3亿美元的援助金，以及400万小时的员工志愿者服务。超过40 000家非营利组织和非政府组织正在免费使用Salesforce的产品。我一直将这些视为对我外公的致敬，以及那些让我们和大多数公司不一样的部分原因。

不过直到几年前，外公的精神遗产之精华，对Salesforce的影响之深，才逐渐显露出来。在所有我熟悉的人之中，他最具有开拓精神。他对一个更美好的世界是怎样的有自己的愿景，并把为此献身作为个人信仰。规划湾区捷运，并为了将这个愿景变成现实而筹备资金，不是一个实用主义者的所作所为。这是由价值观引导的想象力的成就。

## 由价值观引导的想象力

我明白我分享的这些个人经历，也许会让你对这本书产生错误的印象。这本书绝不想要成为一本回忆录。

可与此同时，公司最终是由人来定义的，而那些人不是选择吸取他们的榜样和导师的经验，就是身体力行地与其背道而驰。身为Salesforce的创始人和联席首席执行官，如果你不了解我从何而来，我想你也难以理解我关于企业的未来的想法。如果我在书中想分享的理念听起来像是空洞的陈词滥调，那么就无法给人留下深刻的印象。

或许你会在你我的成长经历之间发现一些共同点，也可能毫无任何共同点。不管是哪种情况，都没问题。我觉得我们都同意条条大路通罗马。我的期待是你能够从这些经验里找到一些有用的东西，这些经验来自我早期，同时也是对我最具塑造力的导师们：我爸爸，他让我了解到了小型企业主面临的琐碎，永无休止的经营挑战和痛点，同时也让我看到了诚实、信任以及将员工和客户摆在首位的价值；还有我外公，他教会我用宽广的视野来思考这个世界。从他这里，我学到的是，如果你不能培养想象力和信心，并以大胆且有意义的方式将其表达出来，你就无法将你的信念充分实现。

我的导师当然不只有这两位，在书中你也会看到其他几位。不过既然提到了导师这个概念，那就不得不介绍一下我有幸在家人中遇到的几位坚强的女性导师——从她们身上我学到了不同但都很重要的人生经验。我的奶奶海伦·贝尼奥夫让我看到了下定决心不动摇意味着什么：在她丈夫裹挟全家财产，抛下她跟两个年幼的儿子之后，她立刻接管家族皮毛公司，成为一个成功的女企业家，在那个时代可是件稀罕事。我外婆弗雷德莉卡·刘易斯则鼓励我去做兼职，让我赚到了足够多的钱，在无线电屋电子大卖场买下了我人生中第一台计算机（然后用它给我创作的Atari计算机游戏编写了音乐），她教会了我耐心以及辛勤工作的价值。我妈妈，乔薇儿·贝尼奥夫，则让我了解到当没有几个人愿意相信你之时，再没有什么比父母给予的爱和鼓励更有价值了，她至今依然是我最强有力的支持者。

我妻子，琳恩，是我的终极灵感源泉，我所有事务的合作伙伴，以及我们家庭的核心。回到家里后，她经常会跟我说："退出你的激情演讲状态，让我们聊聊那些真正重要的事儿吧。"我们会讨论需要采取行动的紧急事务：从根除旧金山的无家可归的危机以及帮助流离失所的家庭，到通过在湾区建造世界级的医院来改善儿童的健康护理状况，到保护这颗星球上的海洋免遭污染。在那些确实至关重要的事情上，我们能从至亲的人那里获得多少智慧启迪，是怎么说也不算夸大其词的。

当今，我们比以往都更迫切需要获得尽可能多的智慧。第四次工业革命已经提升了我们的知识，释放出新的变革能力。同时，它也把我们带到了一个历史的紧急时刻，我们要面对持续加剧的不平等带来的挑战，以及对我们这颗星球日益增长的担忧。全新的第五次工业革命将需要我们对公司的本质，以及我们在其中的角色进行根本性的转变，从而应对未来全球的挑战，并改善这个世界的状况。

无论你管理着上千名员工，一个小团队，还是第一次在脖子上挂上一张出入证，最重要的是别再把自己当作一个搭顺风车的乘客来思考问题。你必须把对未知领域的恐惧抛开，以你的价值观为指南针，然后开拓出一条新的道路来。

到了我们都需要培养追求进步的热情，以及实现梦想的想象力的时候了。

未来在等着我们。

# 2

# 价值观

## 你的行动很重要

当我的手机屏幕因一通来电亮起时，我正坐在一辆去旧金山的汽车里，车子行驶在280州际公路上的迷雾中。我看了一眼屏幕上的来电号码。

我立刻认出了印第安纳波利斯的区号。

那时候我刚在山景城的计算机历史博物馆做了一场两个小时左右的演讲，很盼望能在路上有一小段时间来解压，甚至让我的思维放空一小会儿。不过这些打算立刻就烟消云散了，我很清楚我必须接这通电话。

来电的是斯科特·麦考勒，他在工作日即将结束的时候给我打电话绝不是想要扯闲篇。身为Salesforce营销云的主管，斯科特·麦考勒在印第安纳波利斯管理着1200个员工，是旧金山外我们最大的一个业务中心。

斯科特一直在处理一个令人头疼的局面，我估计他应该是需要我来帮忙了。我一接起电话，他话音里那种不祥的语调就告诉我，我猜对了。

“我说，马克，”他说，“你不知道这里都乱成什么样了。”

就在2015年白雾茫茫的那天，我和我的管理层团队一直都在关注着印第安纳州的事态发展，该州的立法机构刚刚表决通过一部名叫《恢复宗教自由法》的法案。从表面上看，这部法案是为了让有宗教信仰的人们得以抗拒政府对他们的信仰原则的肆意侵犯。可实际上，我们都知道这部法案允许该州的企业主，只要声称他们的宗教观点要求他们这么做，就可以在法律保护下，对多元性别和性取向类型的客户，进行歧视性对待。

我们已经给州长发去一封信件，要求他拒绝签署这一法案。作为该州最大的雇主，我们以为我们强硬的反对，加上像康明斯动力、礼来医药和罗氏诊断等几家以印第安纳州为基地的企业提出的类似的抗议，应该能确保这项法案不会生效。即使相信如此，我们也还是向我们在印第安纳的员工声明，如果他们觉得受到了威胁，Salesforce将会帮他们调到其他办公地点。让我松了口气的是，辛迪・罗宾斯，我们的员工成功（人事）部门的负责人，已经着手准备这项操作了。

印第安纳州只是我们当时在着手处理的几件棘手事情之一，当时还不是我心里最紧急的事。可就在几秒间，一切大不一样了。斯科特的来电带来了一条最坏的消息：印第安纳州州长麦克・彭斯已经决定签署这项法案了。

“这是不对的，”斯科特说，“这就是歧视。我们员工都很担心。”

我完全赞同斯科特的看法，并且感谢他打电话来通知我。不过他来电不只是为了让我了解近况，他打电话来提了个让我猝不及防的问题。

“那你打算采取什么行动？”

2015年那会儿，我觉得我管理Salesforce的工作顺风顺水。经过16

年的艰苦工作，我们已经毫无疑问是CRM领域的全球领导者，年营收额接近100亿美元。我们也已经跻身全世界排名领先的软件供应商行列，并刚刚扩充了我们的产品线。从任何可行的标准来评估，Salesforce都可谓如日中天。除了这些以外，我也为我们围绕三条创办时确立的价值观——“信任、客户成功和创新”——培养的正向、充满意义的企业文化而备感自豪。

所以在那条高速公路上，我当时觉得自己是站在坚实的道德立场上。在斯科特拨通我的电话之前，我对公司的状态感到心满意足，从没想过要在印第安纳州打硬仗。

我跟斯科特说我会给他回电的。

立刻，疑虑就涌上了心头。我很清楚这部法案错得离谱。不过我也很清楚，身为一个旧金山人，我总是想当然地把包容心当作应有之义，而无法充分理解这种提案背后的力量。除此之外，我当时也不太确定Salesforce，或者任何一家公司，该如何处理一部对他们的多元性别和性取向类型员工表现出如此明确歧视态度的政府法案。说到底，我只是一家科技公司的首席执行官，不是一个政客。从来都是政府对企业进行监管约束，没有反过来的例子。

渐渐地，员工的邮件和电话从公司各个角落冒了出来，很快就愈演愈烈。我们的员工已经不只是在给他们的首席执行官打气，要他拿出大胆的行动来反击这项法案，他们是在给他下命令了。正当我觉得一切尽在掌握时，我又被孤身抛入一片未知领域里了。

我已经能很熟练地迎战我们的行业竞争者，像甲骨文、微软和思爱普（SAP）这些公司，可是跟州立法机关还有州长较量则是另一回事了。

我是个民主政治流程的坚定不移的笃信者，而且在这起事件里，选民们已经通过他们选出来的政府官员表明了他们的观点。

而与此同时，我也明白存在着一个更大的风险。我们如何应对此事，将对Salesforce定位自己为怎样一家公司，起到重要作用。我们在印第安纳州的员工，已经在向我们诉说他们对居住和工作在一个允许歧视行为发生的州感到害怕，而我的职责，就是保护和安抚他们。

也许有些读者可能会感到惊讶：说起政治方面，我曾一度是一个共和党人，不过如今我是一个独立人士。我曾经给乔治・W. 布什和巴拉克・奥巴马都提供过咨询。我曾以个人身份在2016年大选中为希拉里・克林顿举办筹款活动，同时我也以行业领袖的身份，前往特朗普主政的白宫，讨论工作技能开发以及科技培训项目的话题。Salesforce不是一个政治性组织，我们的价值观也不依附于任何党派。

当我朝车窗外望去时，我能清晰地看到280州际公路沿线的地标景象，熟悉到我在睡梦中都能看见它们。可是在我心里，则感觉自己彷徨在遥远的喜马拉雅山脉。

我想到了我的外公，马文・刘易斯，他让我意识到只有当同时秉持追求进步和坚持原则时，才是有效的。我们应该让我们的价值观来引导我们。

我很明白我将要做的事，不是经过深思熟虑的公司战略，而是会被视为让这一迅速蔓延至全国的争议加剧升级的行为。肯定会有人强烈反对我的做法。有些人，甚至是那些我敬重的人，一定会质问我让自己卷入这场政治争斗的做法是否理智。

可我还是拿出我的手机，打开了推特应用。我输入了这样一份声明：

“基于我们员工及客户对《恢复宗教自由法》的愤慨，我们将不得不大规模减少在印第安纳州的投资。”

我发出了这则推特，加入了这场争论。

在原本寂静无声的车厢里，我能感觉到我的心脏怦怦地跳动着。我发出的每一个字都是真心的，那不用说，可是我也只是一个凡人，而且Salesforce只是一家公司而已。我很清楚我要做好准备，来为我这通不那么露骨的威胁做好后盾。

我自问道，好吧，接下来会是什么?

●◆●

不到24小时，我就发现这条抗争路上，我绝不孤单，这让我松了口气，与我那篇类似的声明开始在推特上传播开了（不过当时还没有其他行业领袖加入）。“我们对这项立法会如何影响到我们的大学生运动员以及雇员尤其关注。”非营利的大学生运动员联谊组织、总部位于印第安纳波利斯的美国大学体育协会在其声明中如是表达。甚至印第安纳波利斯的共和党籍市长格雷格·巴拉德也回应这条新闻，说他的城市“致力于成为一个对企业、会务、访客以及居住者具有吸引力的热情之地。我们是一个多元化的城市，我也希望每一个到印第安纳波利斯来访以及居住的人们，都能觉得舒适安心”。

接着没多久，Salesforce的法务总顾问艾米·韦弗，和我们的政府事务部门主管吉姆·格林组建了一支团队，跟有类似态度的企业、州政府、社区团体以及希望废除或者修订这一法案的社会司法组织进行联络沟通。他们飞去了印第安纳波利斯，在几乎成为游说团体的作战室的商会外驻守。

我知道，如果我对于以公司名义对外发出关于我们价值观的信息是认真的，我就不能将这件事授权给他人。于是我开始和我的员工以及客户们开视频会议。我开始联系我的朋友们，给一众首席执行官发邮件，并且利用一起晚餐的机会，游说其他人来跟我一起发声。

好比我已经一脚把门踢开，还需要有更多的人一起走进这扇门，可是要说服他们并不是轻而易举的。尽管他们都有颇具实力的平台，2015年很多首席执行官非常忌讳涉足社会事务，尤其是带有政治色彩的那些。有几个一个字都不肯回复我，还有些则指责我把自己的价值观摆在了股东价值的前面，有一位还警告说我对印第安纳州当局的挑战，会让我成为“靶子”。甚至我的长期导师，前美国国务卿，科林·鲍威尔将军（已退休），提醒我说我的主张将可能给公司招致不必要的审查。“爬这棵树可别爬太高了，”他跟我说，“不然你的后背会暴露无遗。”我开始担心我给我自己，还有公司招来了许多不良后果。

我承认，我当时已经开始感到有些垂头丧气了。接着我想起了前不久在阿肯色州发生的一些事情，总部设在该州的沃尔玛，还有一家以该州为基地雇用了1700名员工的公司，叫安客诚，也对一项类似的法案表示了谴责。他们的反对，促成了阿肯色州州长阿萨·赫钦森敦促州议员们修改法案，最终也如此发生了。

我告诉媒体，彭斯州长一直在呼吁Salesforce在印第安纳州拓展业务、追加投资，可只要该州允许歧视存在，我们就完全没有办法这么做。我们宣布说计划将一项年度客户活动从印第安纳波利斯转到纽约，这会导致该州失去10 000名与会者以及800万美元的消费金额。

之后几天里，有些政客说我是用经济敲诈手段干扰民主程序的“企业暴徒”。有些股东和客户告诉我们他们开始抛售我们的股票或弃用我们的软件。

然后，一个接一个，其他行业领袖们开始出现在前线了。Yelp公司的杰瑞米·斯托普曼感谢我“为其余的同行提供了‘空中掩护’，让我们能安心说出心声”。

YouTube的首席执行官，同时也是Salesforce的董事会成员苏珊·沃西基也支持我。苹果公司的首席执行官蒂姆·库克在《华盛顿邮报》上发了一篇评论文章，提到“美国的企业界在很早以前就意识到，任何形式的歧视对企业都是有害的”，并且鼓励其他同行都挺身而出，反对这项立法。

李维斯、盖璞、贝宝、推特、礼来医药以及其他公司很快加入其中，呼吁州长废除这项法案，同时全国各地市长、州长也宣布禁止以印第安纳州为目的地的公务出差。此外，独立摇滚乐队Wilco更是威胁要取消计划中的印第安纳州的巡演日程。

几天后，我在健身房锻炼时，电话响了。“印第安纳州州长要跟您通话。”电话另一头一个声音说道。

然后州长就接过了电话。“马克，最近怎么样？”

在感谢彭斯州长给我来电后，我决定直接挑明：“您必须修改这条法案，不然我们将给印第安纳州带来一系列经济上的后果。”

从那里开始，我们的谈话变得紧张起来。州长问“我们”——他指的是《财富》500强企业里反对这项法案的公司的松散联合体——接下来打算做什么。

“我们该怎么做才能解决这个僵局？”他问道。

我解释说，我们的唯一诉求，就是要保证所有人都受到平等对待。只需要印第安纳州承诺它会平等对待所有人，反对的声音就会消失。就这么简单。

3月31日，也就是在他将那项歧视性法案签署生效，并经历了嘈杂喧嚣的6天之后，彭斯州长举行了一个电视新闻发布会。“我们存在一个认知上的问题。”他承认道。两天以后，他签署了一项修改过的法案，其措辞明确表明企业主不得援引这项法律，来为自己基于客户的性取向而采取歧视对待的行为辩护。

尽管很明显我们赢了，我不能说这个结果值得我们去“庆祝”。我宁愿这场抗争从未发生过，不过我为我们各层级员工的行为方式感到骄傲。第一次，我看到了我们创建的文化的完整意义。这就像是这家公司，以及我作为首席执行官，在发展道路上遇到的一个重要的抉择关口。

我们的员工也对我进行了一次实质性的考验。他们需要知道我会不管后果怎样都愿意坚持原则，这样他们才能感到有所保障，并愿意把真实的自我投入到工作中去。

●◆●

结果是，印第安纳州事件并没有让我们的业务受到一丝打击。相反，之后几个月里，Salesforce继续在营收和增长上创下纪录。如果这次事件有什么影响的话，因为敢于把自己置身于一场关于社会公正的全国性对话之中，我们实际上提升了自身的形象。

当时，我的信念的确把许多人吓了一跳。商业领域里有不少人，尤其是在华尔街，倾向于认为一个首席执行官的职责范围，最远也就限于公司园区之内，所有的商业领导者都应该将讨论的话题仅限于商业方面。

幸好这些已经在逐步改变。近些年，越来越多的领导者开始讨论比企业盈亏更大的话题了。苹果的首席执行官蒂姆·库克、默克的首席执行官肯尼斯·弗莱泽、美国银行的首席执行官布莱恩·莫尼翰，以及很多其他首席执行官，都在以价值观领导企业发展，将社会事务作为他们企业经营的一部分，联合利华的保罗·波尔曼和百事公司的卢英德在他们担任首席执行官期间也是如此。还有，贝莱德集团的创始人和首席执行官劳伦斯·芬克一直是这个新理念的直言不讳的支持者：2018年，他告知他的员工，他们公司参与投资的每一家公司，必须“不光财务表现达标，还要能对社会有积极的贡献”。

不过请允许我说明一下：印第安纳州事件最终告诉我，掌控企业的道德指南针的不是任何个人。我的员工打来的电话和发来的信息证明了要是领导层无所作为，其将面临自下而上的冲击。公司无须坚持其在价值观上的承诺就能招募并留住顶级人才的时代，已经一去不复返了。

在即将到来的经营向善的时代，每一个被早晨的闹钟唤醒去上班的人，都能发挥自己的作用。这不仅仅是最高管理层的事。在车间，或者办公室隔间里发生了什么，也格外重要。正如当社会事件跟公司的价值观冲突时，首席执行官们不能扭头无视一样，员工也不能假装不管自己的领导做出什么决策都在他们的工作职责之外。如果一家公司的领导层不愿维护公司的价值观，全体员工需要让公司负起责任来。

在过去，大部分人会把拥有良知列入公司资产负债表的“其他”类别。但今后情况就不同了。未来，没有一家企业会获得成功，除非他们拥抱价值观创造价值这个观念。

## 我们称他们为开拓者

2016年，我请我们的开发者关系团队的主管亚当·塞利格曼和莎拉·富兰克林为一些最高端的Salesforce应用者，也就是那些学习并掌握了我们的软件，并且在他们的公司使用这些软件的人们，策划一次春季活动。尽管他们并不直接为我们工作，这些应用者也是我们团队里珍贵的成员。他们是最了不起的创新者和传播者，这两点不光是针对我们的产品，同时也针对我们的文化而言。

对亚当和莎拉来说，给这些应用者和品牌大使策划一场活动的第一项任务，就是给这个活动想一个名字。“我们怎么称呼这些人呢？”我在一次跟高级管理成员举行的会议上，提出了这个问题。

我们争论了一会儿，但是依然陷入僵局，然后莎拉开口了。“我们就称他们为开拓者吧。”她说。

这个称呼未能立刻打动我。一方面，我知道我们有一个Trailhead在线培训项目，不过我更关心的是能不能把握住这个群体的精神本质，而不是宣传品牌。另一方面，我当时跟这些人没有日常接触，不像莎拉那样对他们有全面的了解。

第二天，这个名字还是悬而未决的时候，莎拉给我发了一封我永远不会忘怀的邮件，因为这封邮件里包含了领导者应该在他们团队和组织中期望和利用的思维方式，这是我所读到过的最好的概述。“他们想要学习，想要改善世界，他们无惧探索，他们渴求创新，乐于解决问题，也乐于回馈社会，”莎拉写道，“他们是一群关心文化和多元化的人。他们就是开拓者。”

我没想到的是，“开拓者”这个词立刻在我们的员工、客户和合作伙伴这个大家庭里受到欢迎，火爆到那件胸前印着这个词的黑色连帽卫衣被光速一抢而空的地步。我甚至在Dreamforce这个由我们在旧金山召开的年度软件盛会上，将“开拓者”用作主题演讲的标题和主题。

不过“开拓者”的思维方式，跟科技，或者软件无关。开拓者就是跟莎拉一样的人：拥有想法和信念，并且不害怕表达出来的人；也是跟斯科特·默克勒一样的人，看到其他人遭受歧视或者威胁时，会鸣钟报警的人；更是像无以计数的在印第安纳州事件里，支持我们立场的员工、客户甚至竞争对手们，因为他们很清楚地意识到不宽容和恐惧，是进步和盈利的绊脚石；还有那些无论在世界上哪个领域、行业或公司里，任何一个相信自己在为创造一个更美好的未来发挥着作用的人。

当激励我写就这本书的领导力挑战还没有变得紧迫之前，我以为我很理解Salesforce。而这一个名称带来的巨大反响，则首次暗示我们的商业模式、我们的价值观，以及我们聚焦回馈社会这一点，已经演变成了一个集体信念，把人们从单纯接受这个世界当下的状态这一观念里解放了出来。人们想要改变他们的公司以及他们周围世界的坚定决心，激励着我们所有人去穿越那没有地图可循的狂野莽原。“开拓者”已经成为我们企业文化的聚焦点。

●◆●

在即将到来的岁月里，我们所遵循的原则，以及我们是如何去探讨和实施它们，将成为每一个试图保持繁荣兴盛的企业的基本职责。不是因为做负责任的企业公民是正确的行为，而是因为消费者要求他们这样。

我知道这个概念会让人晕头转向，它可能和商学院教给你的东西不太一样。因此在接下来的几章里，我会让你清楚地看到Salesforce的价值观和我们这个开拓者社群是如何影响公司的商业结果的，我又是如何意识到无论你的公司业务是什么，或者你的客户都是哪些人，真实的价值归根结底取决于一件事：要牢记你秉持什么立场。

我想，从“信任”这一价值观开始，才是唯一合适的。

# 3

# 信　任

## 排名第一的价值观

我个人跟丰田之间漫长的关系可以回溯至1982年，少年时代的我用编写计算机游戏赚到的钱，购买了我人生第一辆车：一辆黑色丰田Supra。

那时候，我对这家公司的了解，主要是他们的车子十分动人，棱角分明的外形线条，还有当我猛踩油门踏板时发出的让人陶醉的声响。随着时间推移，我对丰田的迷恋与日俱增，只是逐步从感性转向理性了。

引发这个转变的根源是该公司在品质和稳定性上无可比拟的信誉。他们通过完全采纳“持续改善”这一理念，最终获得了征服美国汽车市场这样令人震惊的成功。当我学习商务，开始我自己的职业生涯时，我就开始对丰田进行彻底研究，并密切关注了它的首席执行官丰田章男，该公司创始人的孙子的崛起。很快我就对这家公司有了深厚的敬意，尤其是丰田先生的那句名言，以及其所代表的信念：“没有最好，只有更好。”

所以在2010年2月5日，我是带着一颗沉重的心，收看了位于日本名古屋丰田总部附近仓促举办的一场新闻发布会。那里发生的，不仅仅是一幕令人心痛的场面，更是该公司73年历史上前所未有的危机。

当时丰田刚刚超越通用汽车，成为全世界最大的汽车制造商。可就在该公司及其首席执行官本应庆祝这一期待已久的成就之时，他们要面对的反而是令人头疼的安全问题导致的一连串的召回，包括油门踏板缺陷的证据。更糟的是，新闻报道称即使在意识到问题的严重程度之后，丰田公司的反应速度依然缓慢，并导致了美国监管部门的介入审查。丰田一番心血换来的质量声誉，在全世界众目睽睽之下逐步瓦解。

表面上看，这就是给那些把追求销售指标置于其他一切之上的公司的标准警世故事。要是说我在观察爸爸经营他的公司中学到了什么，那就是让客户失望，永远不是个好的策略。当客户希望依赖你的产品安全地将自己和家人送至工作地点、学校、足球练习场以及杂货店的时候，你最不希望失去的就是他们的信赖。丰田正是依靠价值观建立起了自己的声誉，而这些价值观里最重要的一条，就是信任。

身为创始人的孙子，丰田先生将至少800万辆汽车召回，并承受了所有因质量问题引发的激烈批评。在新闻发布会上，他告诉吵吵嚷嚷的记者们，他为这些问题给人们带来的困扰“深感悔恨”，并向他们保证他会把修正这些问题当作“个人责任”来对待。然后，他鞠躬致歉。

我立刻意识到这个表示谦卑的动作的意义何在。这一鞠躬意味着颜面尽扫，在日本是一个很强烈的文化象征，体现了历史上那些武士或者军事首领被击败或者个人名誉受损时切腹自尽的传统。我能感受到他的道歉是发自内心的，可我也明白这么做并不够。

每一个首席执行官都必须兼顾好两个要事：信任和增长。理性上，我们都懂得无论何时，只要增长被置于信任之上，早晚就会出现问题。那些最优秀的商业领袖和公司，都可能会出现这种情况。在美国国会前发言时，丰田先生直接承认道："我们追求增长的速度超过了我们发展人才和组织的速度，我们应当认识到这点。"

当这样大规模的危机发生时，通常就是在给首席执行官发出提醒，提醒他们需要重启公司的价值观，并且在此之外，要确保这个信息向下贯彻到公司每一层级。要是首席执行官不进行这样的转变，那么他在这个职位上就待不长了。丰田先生对快速解决问题的承诺毫不动摇。"每一部丰田汽车上都有我的名字，我个人向你们做出承诺，丰田将积极行动起来，重建客户对我们的信任。"他对国会如此说道。

就当我在客厅里收看这次听证会直播时，心里慢慢形成了一个想法。

●◆●

我第一次到访日本，还是在供职于甲骨文公司时，去推销我专门为日本市场设计的新产品。那也正是一段我苦苦追寻工作意义的人生时期。

当时我即将迎来人生第30个年头，在外人看起来，我那份在硅谷科技公司收入颇丰的工作相当不错。但对我来说，这层光芒已经开始消退。我已经开始憧憬追求一个更高远的目标。

每次当我飞抵日本，都能有一种更加清晰的感觉，同时会有一种希望自己能重振活力，再次充满激情的急迫需求。直到如今，在那些神奇的岛屿上，冥冥中依然有些什么东西，让我感到与其有深深的联结。所以当我打算探索一下禅修时，会跑去买一张前往京都的火车票，也就不是什么偶然的选择了。

正是在那儿，位于城市西北角的龙安寺里，我开始了将持续一生的追求“初心”的旅程（我稍后会着重谈一下这个概念）。我开始每年定期前往，也经常邀请朋友一起加入。我也尝试着给他们介绍日本的生活方式。

对我来说，日本具有魅力的地方之一就是他们很擅长制造构思巧妙、实用有效，而且设计精美的物品。从大众市场消费品比如汽车和照相机，到时尚T恤衫、食品和美术作品。这是一个对创新和设计大师视如珍宝的国度。所以在我们创建了Salesforce才一年之际，东京就成为我们在美国之外开设的第一家办事处所在地，也不是很出乎意料了。

在创业早期，我总喜欢去日本也是锦上添花之举。对我们公司来说，日本看起来也是一个潜力无限的市场。几年间，Salesforce赢得了许多优秀的日本客户，比如佳能公司和日本邮政，但是该国最大且全球化程度最高的公司，像丰田这样的，当时还没有使用我们的企业管理软件。到了2010年2月，当丰田先生举行了那场令人痛心的媒体发布会时，我有信心Salesforce拥有能帮助这家公司修复与其客户关系的合适产品。我告诉我的日本团队，我已经在构建一些产品方面的设想，以备万一能有机会跟他们会面。我没想到的是这个机会来得如此迅速。

就在召回事件大约一年后，我们终于跟丰田先生以及他的高管团队约定了一次会面。他们刚刚结束在美国底特律汽车展的行程，计划在返程时到Salesforce在旧金山的办公室一趟。当时我的心情很激动。能跟自己的商业偶像会面，可不是每天都能碰到的。

不过有个问题。丰田先生计划来访的那天，我已经安排了全家去夏威夷度假。跳上飞机飞回加利福尼亚，让我妻子和孩子大感失望可不行，所以我只能带着真诚的个人歉意，婉拒了这次会面。

让人没想到的是，丰田先生答应飞到夏威夷来。我从不知道其实他在那里有一所宅子，离我住的地方很近。我内心深处感觉到，想要能说服他相信我能帮他赢回客户的信任，我首先得能赢得他的信任。那就再也没有比夏威夷，这个总能让我感到最平静的地方更好的选择了。我觉得这显然是天意。

连着好几天，我不停在纸上写一些想法，却只能把它们团作一团扔到一边。我一遍又一遍地问我自己，对一家经历了一场曾令人无法想象的危机后，正在努力想要挽回客户的信心的全球性公司，究竟什么才是最有效的解决方案。

我相信丰田此刻需要的是一个全新的愿景，这个愿景围绕着如何与其客户和公众联结。它需要找到一个新的方法来重建并巩固情感上的纽带，来激发出那种发自内心的震撼，就像我自己十几岁第一次握住方向盘时那样。突然间，我心里一亮。

2010年的时候，我们开发了一款叫“Chatter”的产品，一个面向公司的社交协作应用，具有诸如档案信息、状态更新、群组以及实时信息更新等在消费者导向的社交网络应用中颇受欢迎的功能。我好奇的是，要是我们基于Chatter搭建一个社交网络，让车主能以多种方式，跟更广泛的丰田社群联通的话，会有什么结果。要是那些原本提车以后，不到车子保养维修时就不会再接触到丰田公司的客户们，现在每次转动钥匙发动汽车时，就能感受到这家公司无微不至的关怀，又会有什么结果？我们可以通过这些方式将丰田车车主、分销商和母公司联结起来，在品牌和客户之间建立起更充分的信任。

距离会面开始只剩48小时的时候，我跟丹·达西通了个电话，他曾和我一起参与过Salesforce的几个最大也最具变革性的项目。他把销售团队召集在一起，拍了段展示视频，制作了一组展示图片，来表明这个概念可以如何有效。

除了提出这项雄心勃勃的方案之外，我们还需要给我们的贵宾营造一个友好的气氛。基于对日本文化十分看重送礼的了解，我找了一个当地的画家，给丰田先生专门定制了一块冲浪板，画上了被夏威夷当地的花草树木围绕的太平洋风景。我们还准备了印有花朵图案的夏威夷沙滩裤、T恤衫还有拖鞋，送到丰田公司来宾即将降落的机场去。

本来天气预报会下雨的，不过让我感恩的是，会面那天上午天气极好、阳光充沛。我穿了一条白色的亚麻长裤，一件缀满夏威夷鲜花图案（我实在忍不住这样穿）的黄色衬衫。然后我等候他们的到来。

当我打开大门时，我和丰田先生鞠躬握手致意。我没料到的是，他和同行随从都已经换上了我送到机场的休闲服装。这场景颇有看头：掌管着世界上最大规模的公司的高级管理层人员，脱下了他们典型的无可挑剔的定制西服以及擦得闪亮的皮鞋，换上了冲浪的行头。

气氛马上就融洽了，丰田先生跟我很快就到餐厅里落座，双方的团队散布我们四周，见证这场盛会。我承认，坐在紧挨着海滩的自己家里，有太平洋陪衬着，比坐在摩天大楼某个会议室里要放松多了。我能感觉到礼节上的拘泥气氛已经消失了，但愿这点能让他们在听我们的想法时能更包容开放。

眺望着那片隔开我们两国的大洋，我跟丰田先生说起了我对日本的热爱，还有驾驶我的黑色Supra留下的开心回忆。说这些，不是为了讨好他。我相信任何人只要长期从商，就会知道商业上的关系，其实就像生活中的关系一样，从某种意义来说，是要从内心去联结，而不只是经济交换。生意只看一时，关系则行一世。也就是说，关系应该以真诚为本，并建立在共同基础之上。

然后我提出了我的想法。“想象一下，一辆跟车主有着互信关系的汽车，”我开始说道，“一辆能提醒车主有一个轮胎气压不足了，下一个加油站还有多远，还有什么时候该做保养了。还不止这些。它还能帮助客户跟丰田，以及公司的经销商、修车点网络，甚至是其他车主之间，建立起更加互信，并且个人化的关系。”

刚一开始，丰田先生看起来还不太有把握，这也正常。他常年处在汽车科技的前沿，对数字科技不熟。“我还是第一次接触社交网络这一块，”他坦承道，“你们管这个叫什么呢？”

“一辆汽车应该像一个可信赖的朋友一样，”我说，“所以我们就叫它‘丰田之友’（Toyota Friend）。”

丰田先生以微笑回应。“我们可以使用这个名字吗？”他问道。

“嗨依。”我相当确定地用日语回答道。

那天，我的贵客们对丰田之友这个名字颇有共鸣，因此在他们告辞之前，我们已经很高兴地答应跟他们一起来创建这个网络。这个概念当时比较超前，对方花了许多年，才把我们和其他公司提供的技术完全整合，最终实现了我们的愿景。一旦整合成功后，很快就看得出来这是个正确的想法——接下来的几年，其他主要汽车制造商要么复制了这个想法，要么做出了他们自己的版本。如今丰田的5000家直营店和280家经销公司都使用上了Salesforce的产品，从以车辆为中心，转变为以客户为中心，从而建立起信任。

就个人而言，最令人高兴的是我和丰田先生结下了一生的友谊。过去的这些年，我数次去日本出差，都跟他相聚，他也多次同意在我们Salesforce的活动里发表讲话，让我备感荣幸。这并不是靠什么产品或者技术建立起来的感情纽带，是信任，让我们俩——以及我们的公司——走到了一起。

今天看起来，那场危机已经是一个遥远的回忆了。丰田再度跻身全世界最值得信赖、最受喜爱的品牌之一。让这家公司回到这一位置的，和最初让这家公司达到这一位置的，是同一个价值观。

## 毫无隐瞒

2018年秋天，我飞去底特律参加一个工商理事会召开的会议，这是一家将首席执行官们会集在一起，分享优秀案例，激发全新、具有挑战意义的想法的组织。会议开始没多久，交谈内容就围绕着一个毫不陌生的话题——大批机构组织遭遇的信任危机——展开了。对于齐聚于那里的《财富》100强公司的高级管理层来说，这不是什么新鲜事了，可是当时这个情况已经发展到了一个前所未有的紧急程度。

据涵盖了28个国家，调研了3万多人得出的2018年度爱德曼全球信任度报告，将近70%的受访者认为建立信任是一个首席执行官的首要任务，远远超过打造高质量的产品和服务。将近三分之二的受访者表明他们相信首席执行官们应该在政策变革中起到带头作用，而不是坐等政府行动。显而易见，我完全赞同。（最近发布的2019年爱德曼全球信任度报告，表明更高比例的受访者，即76%的受访者期望首席执行官们能在一些具有挑战性的议题上表明立场，同时在公司内部和外部都能表现出他们的个人担当。此外，75%的受访者表明，他们信任他们的雇主能够做出正确的行为，显著高于其他机构类型）

看一下最近的头条新闻，就不会对这个数据感到惊讶了。富国银行刚刚承认其曾给那些替客户开设了未曾申请过也不需要的账户的员工发放了奖金，并且还就一些不必要的保险以及住房按揭服务，向这些客户收取服务费用。优步公司则由于一系列涉及其司机的性侵指控，还有一名前女软件工程师出面举报公司内部充斥着性骚扰，以及敌视女性的不健康且严重失调的企业文化而焦头烂额——其创始人兼首席执行官特拉维斯·卡兰尼克因此离职。似乎每个星期都能看到新的披露内容，告诉大家脸书如何辜负了其20亿用户的信任。与此同时，最高层的管理者则使出浑身解数来否认或者淡化存在的问题，同时转移大家谴责的焦点。

在底特律的会议上，我们探讨了人才正在从诸多公司里流失，仅仅是因为他们觉得公司的言行与他们自身的价值观，以及公司声称倡导的价值观存在冲突。关键在于人们想要为那些努力打造一个目标明确、向善的平台的雇主工作。那些聪明的员工发现与他们的价值观不符的事物，他们会将其视为对个人的背叛——接着就会离开。

与此同时，这个场景正在谷歌公司全球各地的工作地点，以一种响亮、公开的方式表现出来，分布在各地的成千上万名员工组织了罢工，抗议公司向被控性骚扰的男性高管支付数百万美元的离职补偿金。

谷歌一直是科技公司领域最明亮的星光。众所周知，大批富有才干、拥有雄心的人愿意为之工作，而且他们得到的回报也相当可观。对我来说，这个教训一直很明确：无论哪家公司，不管它有多受尊敬与喜爱，在信任这点上，绝不能变得自满。这门功课必须要从你的公司内部开始做起。

●◆●

当我们刚推出我们内部的社交网络Chatter时，有些高级经理觉得这是个馊主意。尽管它能让跨地区和部门的合作协调变得更为简便，还是有人担心这等于给员工提供了一个大喇叭，可以就公司内部的问题大发牢骚了。在那些反对者看来，Chatter会让我们自己引火烧身。

他们第一点说对了：大家的确会发牢骚。没多久，一大批Salesforce的员工就组建了一个内部Chatter群，名字叫“吐槽直播大会”。我一直都不知道有这样一个群，直到有一天，我手下一名高管提心吊胆地走进我的办公室。看起来Chatter上有些话题已经开始把公司描绘得略显不堪了。我让他把Chatter的界面投放到我办公室里的大屏幕上，好让我仔细看看究竟发生了什么。

我当时的反应绝对出乎他的意料。“这是好事啊！”我挺开心地大声说道。

在那一刻，我相当确定他认为我脑子进水了。不过我的观点是，身为领导者，相比那些大家经常公开谈论的话题来说，你应该更留意那些大家不谈论的内容。实际上，大家都不发牢骚的话，你就必须要紧张起来了，因为这表明那些问题被掩盖起来了。

绝大部分在Chatter上发出来的吐槽，都够不上“橙色警报”级别。比如有辆卡车占用了停车位，或者零食小站里的腰果罐头被吃空了这类。不过也的确有人提出了一些重要的观点，促使我们去重新审视那些长期一贯的做法。

最早出现的比较重要的吐槽里，有一条跟公司的入职流程有关。显然新员工对这方面颇为不满。该主题下充斥着新员工对于笔记本电脑不能及时到位，电话没有及时接通，员工出入证无法及时发放等问题的抱怨。当员工一致认为我们的入职流程堪比高校里常见的对新生的“欺凌”时，我们意识到必须即刻解决这个问题了。对于一家仅两年时间就新添1万名新员工的公司来说，入职体验可谓至关重要。

于是我们把整个流程改造了一下，变得更稳定，也更连贯，同时还增加了针对每个员工的个性化、一对一的关注。通过这些措施，抱怨的声音渐渐平息了。

在很多公司，一些决策往往是在董事会会议室的隔音门后做出的。这种高层严格保密的做法会让员工觉得公司最重要的项目在由一些神秘的幕后操纵者控制着。我可不觉得这种感受会让人有多强的意愿去执行。

所以在Salesforce，我们会实时直播年度高管会议，以便公司每个员工都能收看。我们也专门安排了时间来解答员工的提问。不用多说，这毕竟不是什么吸引眼球的电视节目，不是谁都有心思盯着看的。不过仅仅让大家知道他们可以收看，就能带来难以估量的价值了。

关于价值观有趣的一点就是，它们带来的影响并不总是可以量化的——即使对一家像我们这般着迷于数据的公司而言。当人们获得一个美好的体验时，他们甚至不会意识到在一个平行世界里，同一个事件的体验可能会很糟糕。改善入职流程帮我们挽回了多少生产力损失，或者说阻止了多少有才华的员工离职，都是无法用数据表格列出的。我倒不是说多等笔记本电脑一天就会让人立刻不爽当场走人。不过，我的确觉得哪怕是一丝丝的不信任，哪怕只是让人下意识里留下这种印象，也会潜伏在那里几个月甚至几年，然后当他们在别处获得一个薪资丰厚的工作机会时，重新现身。

要是说上面这些蕴含着什么有价值的信息的话，那就是透明度影响到的不是我们可以得到什么，而是我们能避免失去什么。

可能有时候我强调透明度有点过头了。我知道我的直率偶尔也会让人下不来台。要能找到平衡绝非易事。有时候它甚至会让人望而生畏。可是一旦你真正接纳了完全透明这个观念后，你也能获得解放。它会开始渗透入每一个你制定的决策，它会淡化那种破坏性的“我们”对抗“他们”的观念，它能曝光隐秘的动机，同时鼓励积极、有道德的行为。

简单来说，它会成为一个极富竞争力的优势。

## 弱点让你更有力量

跟谷歌或者脸书，或者诸多《财富》500强公司相比，Salesforce算不上一个家喻户晓的名字。我们没有门店，不跟消费者直接接触。我们不制造带我们商标图案的智能手机或者平板电视。我相信对你们许多人来说，我们公司的名字总是和一些新创科技公司的名字一起出现。

即便我们没有为大众熟知，但毫无疑问，我们已经通过努力奋斗让自己有了知名度。实际上，在我们创业初期，我们的生存全赖于此。我们向公众客户提供云端服务，就是在请求客户信任我们能做到不仅是严密保护他们的财务数据和销售信息，更能同样保护涉及他们的客户的敏感资料。而且我们是在请求他们信任我们把所有这些信息，都保存在一个让人不知所以到有点害怕的叫“云端”的地方。现如今，大家把所有信息都上传到云端，对此不会有任何迟疑。可是在1999年，我们这些推销服务的说辞是非常激进的。

此外，我们是通过“订阅模式”来开展业务的，这意味着客户炒掉我们轻而易举，只要决定从哪个月开始不再续订我们的软件就可以了。但凡有一丝念头觉得我们不那么可靠，客户就能马上离我们而去。

换句话说，从一开始，我们就明白获得成功的关键，绝不只能依靠让我们的产品易于使用的简洁界面设计，或者让我们的产品有效的程序代码。所以一直以来，我们真正的成功秘诀在于客户对我们的信任，信任我们能够始终履行我们做出的每一个承诺。

不过，这一点对一个努力想要维持生存的初创企业来说，知易行难。在早期，当我们的多个系统刚刚走出测试阶段时，因为时不时出现一些系统故障，导致我们的服务变缓，或者彻底离线。我们的业务好比一个黑箱，我们的客户无法了解到各种应用背后的运行情况。他们只有登录并尝试使用我们的产品，才能看到这个系统是否运行在最优状态、次优状态或者完全不在状态。

对于这样一个大胆承诺将会以前沿高科技带领客户进入未来时代的企业来说，服务的状态如此缺乏透明度，是一个主要的弱点，也是让客户失望的一个主要因素。当故障发生时，我们的做法跟绝大部分公司在此类状况下的行动是一样的。我们就像鸵鸟一样，埋头解决问题，但尽量不跟客户提这个故障。我们知道我们的工程师在夜以继日地解决问题，我们也不认为让客户注意到这个故障是个明智之举。说实话，我们也觉得尴尬。我现在回想起来，我们后来发现当时有一家竞争对手，专门注册了一个Salesforce的免费试用账号，以便于随时向媒体透露我们任何一次的服务故障。

2005年的一天，在一次跟高管的会议上，我的联合创始人帕克·哈里斯的演示正进行到一半，他的一个手下就拿着一份紧急通报，急匆匆地冲进来打断了他。帕克看通报时的面部表情已经告诉了我所有信息。而我的担心随后也得到了证实，当时他停了下来，看着整个会场，说出了没有哪个首席执行官想听到的话——“我们的网站宕机了。”

帕克的团队花了90分钟把一切修复并重新开启，在那个情况下，已经算是表现惊人了。可对那些在电话和电邮里焦急万分，却没有从我们这里获得任何令人可以接受的回复的客户来说，则是漫长的煎熬。我们终于意识到这是一种警报，告诉我们到了该把那个黑箱变得清晰透明的时候了。不管怎么说，面对一群高声吵嚷着要求获得回答的客户来说，我们又能把这些秘密掩盖多久呢?

就是在那时，帕克开口，提出了一个颇有胆识的方案。“我们就实时地告诉大家到底发生了什么吧。”他说道。

不少高管直截了当地表示了拒绝。“我们为什么要向全世界展示我们的弱点?”他们问道。一开始，我站在他们这边。我可不喜欢搞出什么界面来，允许世界上任何人在任何地方，只要有一台笔记本电脑，就能监控到我们的服务中断。这等同于让公司自杀。

可没过几分钟，我就开始从另一个角度来看这个问题了。不用说，最轻松的做法就是什么都不做；不采取行动，咬紧牙关，等着问题被解决。而有胆有识，违背直觉，可极有可能是正确的举动，就是极其主动地去承担责任：让我们的客户了解发生了什么，毫无隐瞒。

长话短说，这就是trust.salesforce.com这个网站的由来。如今，这个网站展示了我们的系统表现的实时信息，规划中的维护措施，数据流量和速度，以及全部的安全问题。随着时间的推移，我们让客户越来越多地了解到公司的各项内部情况，从提前分享我们即将推出的新产品，以便他们做好购买它们的计划，到每次年度Dreamforce大会前，预览会议内容资料。

我也不否认当你把自己推到公众面前之后，总是会有些痛苦的体验经历的。弱点的确令人害怕，但也能让你更有力量。

## 肯定会很棒

2007年1月9日，对科技和硬件狂热爱好者来说，是一个可以类比1969年人类成功登月那天的日子。那一天，就是iPhone的诞生日。

对于众多在旧金山举行的Macworld大会上，目睹史蒂夫·乔布斯揭示这个改变世界的设备的行业内部人士来说，当时还没能立即意识到iPhone的重要性，可我却从心底里明白未来时代已经来临了。不用多久，全世界每个人的包里、口袋里都会装着这样的设备，它们绝不仅仅是一部电话，而是一台强大的微型计算机。

我意识到这些人中间会有不少Salesforce的客户，这些人会希望能在这个时髦设备上来运行我们的软件。同我一起参加这次大会的帕克也有类似的念头。他把iPhone的问世形容成“惊天动地”，这点他说对了。

第二天，我一到公司就向我的团队宣布，从那一刻起，我们要将工程技术资源，重新定位到一个新的目标上：把Salesforce从一个桌面应用开发公司，转为一个移动应用开发公司。我们推出的每一个产品，都必须注入移动端的功能。

要是那一天你跟我说，这个全系统范围，所有成员参与的举措，会要求我们对工程技术团队开展工作的方式进行全面重新思考的话，我尽管不是完全出乎意料，不过可能就会被吓住了。随着科技似脱缰野马般地向前发展，人们都说，让你走到今天的，没法帮你走到明天。就像帕克跟工程技术团队说的，“把过去的版本都忘掉。今后将不会再推出Salesforce的新版本，而是要推出新的面貌了”。当时，我没能预料到的是，这将对我们的决心，以及多年以来构建起来的信任文化带来多大的考验。

帕克和我们的工程技术团队一开始启动这项计划，挫折就接踵而至。要能在移动端正常工作，我们为台式计算机开发的软件必须以一套全新的技术构架被重新开发。问题是，我们没有一个人受过这样的培训。我们之中甚至没有一个人，对如何开发一个可以利用触屏界面的简单软件有深入的了解。

我们第一版的移动端应用尽管在我们自己看来颇有里程碑意义，却普遍被我们的客户嫌弃。他们抱怨说这款应用太粗笨太缓慢了。这一次的失败严重打击了我们的士气和自信。万幸的是，我们对创新还是颇为了解的，很清楚用老办法是不可能得出新结果的。于是我们决定到了该做出改变的时候了。

2012年，帕克开始寻觅一个新的移动应用团队领导，最终敲定了斯利尼·塔拉普拉加德，他曾在我们的两个竞争对手，就是甲骨文和思爱普那里，领导过大型工程技术团队，并且在业内广受赞誉。斯利尼就职后没多久，我就召集核心团队，就重新思考我们的移动端应用方案，开了一次特别会议。我们围坐在我办公室的会议桌旁讨论之时，好几位高管都给出了一些具体细致的设想。可是，当轮到斯利尼发言的时候，这位新任职的员工只说了7个字："产品肯定会很棒。"

大家都被他这句看似虚张声势的话给逗笑了，包括我在内，不过由此带来的影响则是不同寻常的。办公室里马上又充满了能量。而且当移动应用团队听到新老板跟大老板是这么说之后，斯利尼这种敢于冒险的做法赢得了他们的爱戴。他们立刻就对他产生了信任。

帕克和斯利尼做出的第一个改变跟编程毫无关系。他们把整个移动应用团队，从位于旧金山标志性的渡轮大厦内崭新且现代化的办公室里搬了出来，挪到他们告别了没多久的环境略差的老办公室，就在几个街区之外。工程师们对于被"流放"到这个荒僻且油漆斑驳，没有优美风景、便利设施或者现代办公家具的场地的确很不开心，可是斯利尼坚持要这么做。他明白有时候，要找到一个新的角度去看待问题，你必须把现场风景也更换一下。或者具体到这个案例上，根本就没有风景给你看。

在硅谷，持续迭代这一思路——对你努力做出的东西做细微、渐进的改进——实际上可以说是一种信仰了。我们当时也是这个信仰的忠实信徒。每次我们的移动应用版本失败了，我们就会不断进行迭代，坚信这些小修小补能带来巨大的变化。可实际上绝没可能。所以帕克和斯利尼想要让他们的团队重新开始。

整个团队当时需要鼓舞一下士气。于是帕克和斯利尼搞了块白板，帕克在上面用彩笔，大字号，潦草地写下了"肯定会很棒"。当然，那时候工程师们并不觉得他们的工作成果有多棒。不过，大家都决定放手一搏，在白板上签了自己的名字。

移动应用团队夜以继日地在那间令人疲惫的作战室里工作。气氛可以说是痛并快乐着。终于某一天，他们从零开始打造全新的应用。到了编程的最后几个阶段，大概有40个工程师——包括斯利尼——把睡袋都带来了。通过这个项目打造出来的团队精神，一直延续至今。

2014年5月，在经历了失败尝试、充满艰辛的几年之后，我们对Salesforce移动版应用的愿景终于实现了。Salesforce移动应用为企业移动应用设立了标准，为我们赢得了数十家新客户，包括保险业巨头州立农场保险公司，公司的保险代理人很喜欢这个应用，因为有了它，他们就不会总是被拴在办公桌旁了。

2018年，当旧金山新建的Salesforce大楼落成的时候，移动应用团队的工程师们在他们这一层楼的共享办公室里挂了一块白板，上面就是这几个字："肯定会很棒。"

这些年来，除了无透明度就无信任以外，我还学到的就是透明度只是一条双行道的一侧通道而已。身为首席执行官，我大可以把我们公司所有的秘密资料——所有的代码、所有的财务数据、所有的技术困扰——全部公开，让我们全体员工看个究竟。但是，如果这些员工无法相互信任，管理团队再开放也不够。身处一线的人需要能相信他们的团队和他们的领导总是在他们身旁，在遇到难关时，能并肩攻克。

## 夭折的交易

信任也许看起来是一个简单的概念，可实际上，它包含多方面含义。在某种程度上，信任是指信任别人，可与此同时，它也是指让其他人信任你。对一个领导者来说，最艰难的就是要知道什么时候应该信任自己的判断，即使身边没有一个人赞同你。

我的处世原则之一，就是绝不成为那种花费大把时间担心其他人怎么看待我的人。我觉得这可以用来解释为什么我有时会被拍到在金州勇士队比赛球场边手舞足蹈，或者上班时，会带上Salesforce的首席关爱官，也就是我的宠物金毛猎犬。我一直都倾向于跟着自己的节拍走，即使其他人觉得我疯了。毕竟，我对自己信任到可以辞去一份优质的工作，在一间租来的小公寓里创办公司，甚至是在硅谷的每一个风险投资家都说我这个想法分文不值之后。

经年累月，我已经学会信任自己的直觉，并且自认为表现得不错。不过就在最近，我面对面遭遇了一场领导力困境，这和我在商学院里所学的截然不同——这件事关系重大，迫使我对自己提出了那个令人极不舒服的问题：万一你的直觉是错的呢?

在某个时刻，每一个领导者都会发现自己身处的位置，要求他们忽略身边所有聪明人的判断。最终，这就归结到一个简单的选择：你是否要继续跟着你的直觉判断的正确方向走下去，哪怕这么做会失去那些曾帮助你走到今天的人们的信任?

这就是2016年当我越来越觉得Salesforce应该收购推特的时候，发现自己所面对的两难境地。

在我看来，这个商业方案是很有说服力的。我相信收购这个平台将能够给我们的客户带来一个新颖多样的公众形象。他们将可以跟他们的客户进行一对一的互动，还可以有效地对他们的产品进行市场宣传、销售，以及售后服务。同时这看似也能给这些公司提供一个很好的方式，让他们获取真实反馈和多元化视角——创新的幼苗——的能力扩大到全新的规模。

我还明白一点，推特可以让我们的客户有机会接触其超过3亿名用户带来的数据资源宝库。

而且我坚信通过利用这个社交平台，我们能改进自己的广告宣传、电子商务和其他数据丰富的应用程序。此外，推特当时正举步维艰，从我的角度来看，两家公司的合并对双方都有益。

不过，不幸的是，我的管理团队对这个方案的态度远不止是冷淡，他们有的高度质疑，有的坚定反对。他们不明白的是，收购一家陷入困境而且被诸多投资人唾弃的社交网络公司，对我们的核心业务，也就是卖软件，能有什么意义。

这些顾虑并没有阻止我，至少刚开始的时候没有。

打算收购推特的这件事，尽管我们试图保密，最终还是走漏了风声。但是，跟我说我丧失理智的人越多，我对这个方案的热情就越高。我跟大家说推特就是一块“有待打磨的宝石”，加工后就是一块珍宝。我甚至确定了粗略的收购价，准备报到200亿美元以上。

我的管理团队跟我依然互不让步，而且随着传言满天飞，就连我都开始觉得我是不是驶入了风暴眼。我们的股价开始下跌，而且跌幅不小。显然华尔街那边对此方案的信心并不比我的管理团队高出多少。

我不是一个迷信的人，不过我一直都相信迹象和征兆的力量。现在回头去看，我意识到我当时太聚焦于胜过持反对意见的人，而差点忽略了重要的东西。

那年秋天，我跟信用评级机构约了一次会议，希望能说服他们给出我们收购推特所需的投资评级，这是我们有史以来最大规模的收购项目。会议安排在某天一大早，在Salesforce总部举行。到了约定的时间，我钻出我的汽车，踌躇满志地想要在我的职业生涯里画下最浓墨重彩的一笔。

就在那时，我没能准确判断人行道边的坡度，绊了一下，然后重重地摔了下去。

我们的首席财务官马克·霍金斯在我跌倒前一直站在我身旁。我听到了他那熟悉的嗓音，却带着慌乱的音调喊着：

“老板摔倒了！”

相信我，一个首席执行官在他的高管团队面前摔倒是一码事，在一条川流不息的人行道上，在一众员工以及诸多惊恐万分的路人众目睽睽之下摔倒可是另一码事。就算我身高1.95米也没用。事后有人告诉我，我当时坠地的声音很大。

我的同事们飞奔过来，弯下腰检查我是不是还清醒着。我迅速从地上爬起来，低头检查自己的牛仔裤。我的膝盖正撞到一块金属板上，把裤子割开了一个大口子，还划伤了我的腿。我能感觉到血正在渗出来，顺着我的小腿流下去。不过当时我没想到的是，这一摔把我的半月板给摔裂了。“坚持住，忽视腿的疼痛。”我跟自己说。

“伙计们，打起精神来。”我大声说道，而我的办公室主任乔·珀齐一脸不可思议地盯着我。

我觉得非常尴尬，尽管我尽最大努力来掩盖。我可不是一个笨手笨脚的人，而且在那天之前，我从一辆车里下来，能站得稳稳当当不出一点意外，已经有50年之久了。不过，现在回望过去，我不觉得那是一个巧合。当时我脑子里想得太多。我的大脑不愿告诉我的，我的双脚告诉我了。

那天我给评级机构做了一次充满勇气的演讲，而且我知道他们会在这个收购案上相信我的话。不过我自己的疑虑，尽管一度无声无息地隐藏在我的意识难以触及的最深处，最终却证明太强大。两周后，在Dreamforce的讲台上，当我望着台下我的同事们、总监们和投资人焦虑的神情时——这些人几乎全都反对收购推特，我决定不再坚持了。尽管当时股价因可能的收购持续下跌，但我的决定跟股价没多大关系，而是我意识到我需要这些人信任我，超过了我需要相信自己的直觉。所以我做了我极少做的事。我道了歉，而且我明确表示会放弃这笔交易。

“摔倒”的好处，不管是从比喻层面，还是从字面，正如我那次所经历的，是它总能让人收获见解。推特事件让我学会的是，信任其实有很多不同的类型，而且有时候，不同类型之间会有可能发生碰撞。无论身处什么行业，对一个领导者的真正的衡量标准，就是你如何穿越这些碰撞，并最终生存下来。

无论你是创立一个企业，管理一个团队，或是经营整个公司，相信自己的直觉，对于将愿景或者创意变成现实是至关重要的。但我也明白相信自己是不够的。要想成为一个高效的领导者，你需要有一个信任“蓄水池”，可以让人从中汲取。而且一旦你将之耗尽，可能需要经年累月才能重建起来。

Salesforce放弃收购推特，有可能会损失不可计量的几十亿美元的潜在价值。达成收购，也有可能会毁了公司。我们永远无法知道。

任何计算都没有涵盖的是，我们所保持的信任的价值。

●◆●

有一次，在我位于旧金山的住所定期举办的企业家晚餐会上，我跟一个年轻的创业公司首席执行官进行了一次长谈。我让他说出他公司的最高价值观。“创新。”他回答道，口气里似乎觉得这个回答应该是明摆着的。

当我问他为什么没有回答“信任”时，他带着奇怪的表情看着我，解释道：“我才不相信那套呢。我相信的是最佳创意胜出，而且这就是硅谷的制胜之道。”

“也许曾经是吧，”我回答道，“不过如今再往下走就不是这样了。”没错，创新是很重要。可是当你把创新看得比信任更重要时，你就已经身处一锅热水中了，就像那只沉浸在温水中享受的青蛙，最终等水开了也就逃不走了。

我过去说过这话，而且现在再说一遍：价值观的确无法标价。而且没错，有的时候，优先考虑价值观，尤其是信任这一条，的确会以牺牲利润为代价。短时期内，确实会是这样。但是，你的公司在任何季度挣到的钱，都不足以抵消随着时间失去的信任的价值。

如果你去问大多数成功的首席执行官，尤其是那些创始人出身的，请他们说出在打造伟大公司过程中的里程碑，他们通常会讲一个围绕一项突破性产品或者创意的故事。也许是一项革命性的清洁能源技术，一个广受欢迎的会计软件，或者对一个搜索引擎算法进行小的调整使其具有竞争优势。

我们大多数人都会提到这些具体事物，这毫不奇怪。在每一项创新或者产品诞生前和诞生后，这期间的差别是你可以量化的。看看这些销售数字，或者这个客户留存率，或者这些收益！真漂亮！

我希望能告诉你，我不会因为那些肤浅的东西，比如惊人的增长百分率，或者一场令人振奋的产品发布会而激动万分。可是我也曾多次夸耀过Salesforce的产品和利润，比如当我们终于知道如何为所有客户提供定制应用程序的时候。要是当时有人问我，我会乐呵呵地甩出一张图表，显示下一个财务年度我们的收入将会上涨25%，很有可能我还会指出就我们这样规模的公司来说，这个增长率是相当惊人的。这就是某种图表友好型本垒打❶，是我们这些首席执行官们津津乐道，拿来自己夸奖自己的东西。

不过，我真诚地认为，能对Salesforce的成功给出最佳解释的，是信任战胜了固执和自我，是透明度击败了对尴尬的恐惧，或者甚至是对数百万美元潜在营收损失的恐惧。

你公司所打造出的好产品，就像一棵魁梧的橡树，可以给培育它的每个人提供一片令人惬意舒心的绿荫，庇护他们好多年。像信任这样的价值观也许没法变出颇具戏剧性的营收图表，也可能永远无法长成最高的树。他们更像是你埋在地里的橡子，希望它们能长出一片树苗。这些年如果我学到了点什么，那就是如果你浇灌它们，这些树苗最终会长大成林。在地球上，没有哪一棵树能比一片森林更坚不可摧。

---

❶ 编者注：棒球术语，指击球员将对方来球击出后（通常击出外野护栏），击球员依次跑过一、二、三垒并安全回到本垒的进攻方法，是棒球比赛中非常精彩的高潮瞬间。

# 4

# 客户成功

## 通过科技带来变革

当我知道我在美林证券的私人财务顾问打电话过来，并且他说这个电话“紧急”时，我猜测应该不外乎两个原因，而且都不是好事。要么股市暴跌，要么我的投资失利。

实际上，他带来的消息比这两个都更糟，是跟Salesforce有关的。

通话后我发现，我的财务顾问打电话来不是因为我的投资问题，而是想提醒我，我的公司正濒临失去美林证券这个客户的危机。在2013年，美林证券可不是Salesforce的一个普通用户，它是我们当时唯一的一家规模最大的用户。这可完全不是什么好消息。

6年前，当美林证券决定为其22 000名客户顾问安装Salesforce的软件时，它成为第一家跟我们签约的真正意义上的大型企业。在当时，我曾宣布说这是一大成功之举，并且明确预示了Salesforce蓄势待发要迎接增长。我曾说如果这家领先的金融服务公司都信任我们在云端管理他们高度安全、技术复杂的系统与交易，那就没有什么我们做不到的了。

可如今我们显然遇到麻烦了。我的顾问刚刚参加完一场全公司大会，在会上，美林的首席运营官约翰·霍嘉第告诉数千名财务顾问说该公司将会把Salesforce一脚踢出大门，此语赢来了满堂掌声。“这里没人喜欢你们的产品，”我的财务顾问解释道，其实他没必要解释，“你必须尽快参与进来，解决这个问题。”

更糟糕的是，（回想起来）2013年的“美林哗变”并不是那些我们无法控制的外部因素导致的结果。并不存在我们的一个竞争对手来和我们抢这家公司，美林也没有打算削减IT方面的预算。发生这件事的原因简单而残酷：他们不喜欢我们的软件。

问题出在这里：美林的财务顾问们对速度和功能性的重视程度高于一切。他们觉得Salesforce的软件速度太慢了，而且我们为他们打造的使用界面不够直观，也不易于使用。一些简单任务必须经过太多小步骤才能完成，浪费了他们工作日里非常宝贵的时间。比如说，哪怕像从他们的通讯录里获取联系信息这样的操作，也需要点击3次，每次还要经历6秒钟等待时间。我对他们的不满之处了解越多，听起来情况就越糟。我也对美林对我们板起面孔，几乎马上就要把我们扫地出门这个情形，不再感到有多惊讶了。

那天对我来说，就是黑暗的一天。失去美林这样的用户，本身是一个灾难了，可是由此引发的涟漪效应会是破坏性的。美林的拒绝使用，就等于发出一个声明，说Salesforce还不能满足大型机构的需求，这会激起其他重要用户也表达他们的不满，同时重新考虑跟我们的业务关系。除此之外，让我生气的是我们居然没有在这些问题发展到“五级警报大火”之前发现它们。最重要的是，我觉得我们没有能够履行我们的核心价值观之一：客户成功。

在Salesforce，我们的信条就是，没有什么比向我们的客户提供帮助他们走向成功的工具和服务更重要的了。客户成功，意味着我们的客户可以提升营收或者净利润，有时也意味着可以更好地触及他们的客户，与客户建立联结。大多数情况下，对我们的客户来说，成功是指把纷繁复杂的流程和操作进行简单化处理——好让他们把更多的时间和注意力用到其他地方。虽然听起来有点做作，可是我们的客户成功的程度，就是我们在Salesforce评估自己成功程度的方式。毕竟，如果我们的客户没有和我们一起成长，我们也没法成长。

可是这当口我们已经在悬崖边缘了。我们没能在美林这个客户身上坚持履行这条价值观，所以我们离坠入万丈深渊只有一根头发丝的距离了。

那个会结束后不久，美林的首席信息官马克·亚历山大就通知我们说我们被置于“遏止”的状态，就是说在解决这些易用性的问题之前，我们将不得参与该银行的任何新业务。他说的“银行”，不仅仅是指美林证券，也包括其母公司美国银行，世界上规模最大的金融机构之一。我们跟美国银行已经开展了一些业务合作了，并且在努力争取更多机会。失去这个客户可能会永远关闭我们进入美国银行的大门。

我很清楚我的顾问说得没错；我必须参与进来，采取行动来处理这一危机——而且得迅速。在把我脑子里其他事务，包括我的办公桌面都清理一空之后，我打出的第一个电话，就是给西蒙·穆卡西，一个时年41岁，出生于伦敦的Salesforce高管，是我们2009年就聘用了，来处理一些最为复杂的客户工程项目的。他是一名前英国军官，为世界经济论坛工作过，其间曾打造出“创新热图”，其设计独特，以至于史密森尼博物馆提出要收藏该图。

因此再没有人比西蒙更合适来主导“康复”计划，把我们跟美林的关系拉回正轨。他跟我一起与约翰·希尔，也就是美林财富管理的负责人，在圣何塞共进了晚餐，我向希尔保证我们会解决这些问题——而且西蒙可以获得任何达到这个目的所必需的资源。

时间紧，任务又急，西蒙开始全国到处跑，把美林的各区域办公室跑了个遍。他跟几十位顾问进行了会谈，希望他们能多谈谈这套软件的哪些特性和功能令他们（和他们的同事）最为讨厌，以及他们希望我们就这些地方做出哪些具体的改进。

这段旅程开始了几个星期后，发生了一件有趣的事情。西蒙发现他那种访谈方式并没有带来多少有意义的、可以就此展开行动的反馈。如果换成是别人坐他的位子，可能就此会觉得松了口气，因为大部分顾问抱怨的问题，都是一些对软件进行细微的、相对简单的修复就可以解决了的。不过让西蒙想不通的是，就算把这些不满加在一起，也不能解释为什么顾问们的怨气会这么大。

看起来西蒙碰到了不解之谜。

●◆●

20世纪80年代，当我刚开始供职于甲骨文公司做销售时，跟客户一起坐下来，讨论一下我们的产品表现如何，甚至参与进去和客户一起解决问题，这种观念很少见。那时甲骨文和其他快速增长的公司坚守一条简单的策略，就是：“看见一只熊，就射杀一只熊。”换言之，要是你去跟客户见面，你的唯一目标就是拿着一纸签好的合同走出会议室——能有多快就多快。

我从来不是这策略的粉丝。这么做的问题是，它不会鼓励任何人去思考他们的客户是否真的需要他们所购买的软件，或者这个软件是否帮助了他们在实现商业目标上取得了进展。另外，这个策略也没有给建立信任留出很多时间。

当我们创建Salesforce时，我发誓要尽量避免这一商业模式。当时只有少数几家公司在销售企业类产品，而且几乎全部要求客户签订一份长期合同，收取巨额的维护费用。换句话说吧，要是你并不喜欢这份合同带来的结果，你基本没有脱身的可能。因此在Salesforce，我们决定销售可以随时取消的订阅服务，这意味着我们猎获了多少张“熊皮”已经不重要了。我们的续约率成为衡量客户是不是从我们的软件里获得了他们需要的东西的标准，也成为衡量我们公司是否健康的体温表。

在订阅模式上取得成功还是花了一阵工夫的。最开始，我们的客户主要是小型企业，每个月用信用卡跟我们结账，他们可以即刻取消订阅。过了一阵，我发现我们存在订阅量减少的问题，我们必须在运营理念上做出根本的转变。我们并不打算抛弃最基本的商业模式，因此我们必须调整我们的努力方向，让客户看到，我们的共同利益是一致的——我们的成功依赖于他们获取成功有多迅速。

我们的第一步，就是给客户提供除销售部门以外的其他联系人——这个人的职责是倾听而不是签合同。我们组建了一支客户成功经理队伍，他们的全部职责就是了解客户使用我们的软件的情况，以及万一他们想要与我们解除合作，就要去设法挽回并搞清楚为何会如此。

随着时间推移，我们的客户成功经理团队的重要性不断在提高，人数也在增长。他们的价值远超过客户服务代表：他们是我们公司的眼睛和耳朵，收集宝贵的信息，让我们不仅可以改进我们的产品，还可以根据客户的具体与独特的需求进行改进。

但是，在2013年，这个系统看起来不够了。美林的规模太大了，而且他们的需求是如此具体、复杂而难以阐述，以至于我们没看出来我们的产品没有很好地完成其职责。

那时候，Salesforce已经成立14年了，我们的工程师团队也已经成为一支强大的队伍。我们当时觉得有足够的编程能力来解决任何问题。可是即使西蒙跟美林的顾问们一个会接一个会地开下去，他还是无法搞明白究竟是出了些什么问题，更别说应该采取什么措施来解决它们了。

西蒙开始觉得这些顾问们其实只说了一部分。他注意到美林的顾问们在一些小的故障，比如通讯录导航这种他们认为我们应该能够修正的问题上讲了很多。他们没讲的那些大的改进，即可以根本地转变他们工作方式的改进——因为他们没意识到我们的软件可能有能力来解决这方面的问题。

于是西蒙决定转变重点。他把一直以来使用的问题列表塞回了公文包里，转而把会面改成开放式的风格，叫顾问们把软件的事情暂时忘掉。他请他们不再关注工作流程的一些细微琐事，而是从一个更大的视角，跟他讲一下他们在工作中遭遇的更大的挑战是什么。这一来，真相开始大白了。比如说，当他们提出导航速度要更快一些的时候，他们实际上是需要更智能的功能，比如可以自发地发出关于他们的客户的预警，引导他们了解有用的市场数据。

当西蒙告诉我他的这一方法如何立刻催生了大量颇有希望的创意时，

让我想起了我童年时的英雄，阿尔伯特·爱因斯坦的一句名言："如果给我一个小时解决一个问题，我会花55分钟来思考这个问题，再花5分钟思考解决方案。"

爱因斯坦终究是对的。要是你把你的大量时间和精力投入于弄清楚问题本质，解决问题就是唾手可得的事情了。从前，我们一直是帮我们的客户把那些琐碎冗长、侵占他们时间的商业操作简化或者自动化。这的确重要，不过在科技可以提供无限可能性的世界里，不能实现了这些小的改进，就不去发现客户所面临的最重大、最紧迫，而且可能极为痛苦的挑战，然后想出解决方案。

这个转变的重要性，真的是怎么说也不为过。它让我们看到，真正的问题并不是我们给美林打造的软件，而是我们打造的客户成功的基础设施。美林的顾问跟我们说的问题，正是说明我们做事的顺序反了。

通过解决问题背后的问题，我们可以重新设计软件，让我们的客户以他们从未想象到的方式变得更加高效。从那个时间点开始，我们知道我们必须停止聚焦在小的改进项目上，而是应该开始试图去搞清楚怎样才能实现突破。

这个理念不仅适用于软件行业，甚至也不限于科技领域。任何一家公司，都可以向自己的客户提供一些让他们获得超乎自己想象的成功的功能。只需要他们停止"射杀熊"，并开始倾听他们的客户真正的需求是什么。

## Dreamforce大会和社群的力量

Salesforce是第一批将"客户成功"列为组织价值观的公司之一，不过我们知道这还不够。毕竟，除非能被转化为行为，能被真正践行，否则价值观的价值不大。

我们为了给客户成功这一原则赋予生命力，采取的策略之一可能看起来有点精心刻意，甚至可以说有点令人吃惊：我们使其成为大会的焦点，而这个大会变成了一场年度庆祝活动。

如果你住在湾区，你很有可能对这场盛况十分熟悉。每年秋天，由超过17万名来自90个国家的员工、客户、应用者、独立软件开发者、合作伙伴和投资人组成的Salesforce大家庭，会到访旧金山，同时还有1500万人会在线关注这一活动。我们管这个活动叫作“Dreamforce大会”。

Dreamforce大会经常被说成是软件大会，我想这是准确的。我们的的确确是一家软件公司，而且我们也举办几十个研讨会、产品演示以及其他大会形式的交流会。当我们最初启动Dreamforce大会的时候，是想把我们的大批客户一次性请到我们的总部基地来，好展示一下我们的新产品，催生更多新的业务合作。不过不少参会者更喜欢把它描述为一个家庭团聚活动，而且，尽管听起来有点假，却也挺合适的。许多人到Dreamforce大会来就是见见老朋友，交交新朋友，感受一下社群的氛围。

从某种程度上来说，这是一个持续4天，让我们考虑一些重大想法，追求更好的自我的机会。我们曾邀请过米歇尔·奥巴马、梅琳达·盖茨和杰布·布什来做主题演讲。我们举办过一个首席执行官系列研讨会，让商业领导者们探讨从妇女领导力到平等、可持续发展和正念等各类话题。我们曾邀请阿尔·戈尔来做一个关于应对气候危机的演讲，邀请国会议员约翰·刘易斯来介绍如何推进社会平等，还请了曾获奥斯卡奖的帕特丽夏·阿奎特来介绍薪资平等。参与者还能参加由身着带有藏红花图案的僧袍的佛教僧侣主持的每日冥想活动。

在某种程度上，这也是一场盛大的派对。参会者可以在旧金山的餐厅里组织喧闹的大型晚餐，我们也曾举办由斯蒂芬·温德、U2乐队、战前女神、尼尔·杨和喷火战斗机乐队演出的音乐会。

在我看来，Dreamforce大会让Salesforce变得富有活力，它让人们得以在共同价值观下，与来自不同领域的有趣的人们互动交往，共饮同食，见面并分享知识。所有人来到这个盛会的理由与感受都不尽相同。

2003年，当我们举办首届Dreamforce大会的时候，我们不知道会有多少人报名参与。当时我们只有400名不到的员工和刚刚满8000名的付费用户。我记得我跟当时的大会主席伊丽莎白·平克汉姆说把票价降下来点，因为我担心没人会来。我叫她从主会场撤走200张椅子，以免空椅子太多让人尴尬。“我想让现场看起来只有站的地方了。”我跟她说。不用说，当1000多人来到现场时，我真是喜出望外。

到了今天，我们会把整个莫斯康展览中心周边的街道围起来，当作我们的“Dreampark”园区，并且把这一整片城市街区铺上人工草皮；搭起攀岩墙和人工瀑布；安排十几个乐队在一个露天舞台上轮流演出；摆上放满盒装午餐的野餐桌，以便我们的参会者可以在参与各种活动的间歇随手拿取。在市场街南区、金融区和联合广场的几十家宾馆和餐厅里进行着各种活动、会谈以及欢乐时光。当Dreamforce大会召开时，我几乎没有时间睡觉，而且我仍然无法完整地体验所有活动。有一年，参会人数多到我们只能跟名人邮轮公司合作，调来一艘被命名为“Dreamboat”的邮轮，停在旧金山港，来容纳那些本地宾馆或者民宿已经无法接纳的参会者。

本想用一个策略实现某个目标，最后却实现了另一个目标，这类情况总会让我惊叹。本来只是想提供一个多卖些软件的机会，却发展成一个理念的具体体现，这个理念就是把客户置于我们一切行为的中心。事实上，当Dreamforce大会规模越大，与我们就越不相关。如今它已经成为我们客户的庆典，在这个过程中，他们可以陶醉在自己成功的喜悦之中，获取新的技能，研究科技和创新领域更大的趋势，讨论社会问题。这些开拓者们不仅仅关心他们自己的成功，他们还想要激发其他人，使他人的企业及职业生涯提升到另一个高度。这就是为什么那2700个教育课程和工作坊中不少都是由客户，而不是我们员工带领的原因，也是为什么有些客户会组织他们自己的小组与活动，甚至开办他们自己的Dreamforce相关的播客的原因。

换言之，Dreamforce大会不是为了提升我们的净利润，它是为了帮助我们的客户，在一个因云科技、移动技术、社交媒体和人工智能的进步不断颠覆的世界里，继续进步。当我们的参会者在各个活动园区之间穿梭，尽其所能汲取所有新知并与他人分享自己的发现时，他们所洋溢的那种喜悦和决心，真的难以言表。那是一个奇特的能量场，我们这个社群的开拓精神在其中尽显活力。

2016年Dreamforce大会前几周，我在纽约时代广场上的威斯汀酒店办了一个晚餐会。我想给一群经过挑选的、运用我们的技术的客户和技能高超的应用师，进行一次主题讲话的预演。他们中有一些是大型金融公司的首席执行官，以及这些公司各个层级的Salesforce的口碑传播者。这次晚餐会本来是想通过一个有趣的方式来答谢他们的忠诚和支持，不过也是让我就一篇将要对成千上万人发表的讲话，先获得一些反馈的好机会。

我这篇Dreamforce大会主题讲话的核心话题是一个被叫作“爱因斯坦”的新产品。这个产品可以让我们的客户得以使用那些我们已经植入软件之中，不断精密化的人工智能性能（你将会在第5章读到更多相关内容）。我当时对近在眼前的产品发布欣喜若狂，也希望来宾们被我那无边无际的热情带动起来。在我结束这次预演后，我就打开天窗说亮话了。

“你们是我们的焦点小组，”我说道，“跟我说说你们觉得怎么样。”

收到的回应可不是我期待的。没人想要谈论我的主题讲话，或者“爱因斯坦”。他们根本就没兴趣谈论什么软件。他们真正想要讨论的，是几个星期后即将去旧金山跟朋友和同事们在Dreamforce大会上重聚这件事让他们有多兴奋，以及他们可能在那里会汲取到的新知识。

我渐渐明白，无论在Salesforce的工程实验室里发生了什么，跟实验室外发生的那些相比，其意义要暗淡许多。Dreamforce大会才是这个群体的焦点。这个群体由聪明、积极、富有进取心的人组成，他们聚在一起，让自己能对未来的挑战和机遇做好准备。他们来到这里，是让自己进步，庆祝自己的成就，可同时也是庆祝彼此的进步和成就。

现在，要是我跟一家公司的领导者们沟通时，觉得他们貌似并不认可我关于价值观的价值的说法的话，我就会跟他们解释Dreamforce大会是如何成为我们的品牌和客户成功的终极体现，以及我们这个社群是如何产生并创造一个有助于成长的良性循环的。使用我们的产品获得成功的人们会希望其他人一起加入进来，而结果就是，我们的社群和公司获得了成长。

## 在所有层面建立联结

2008年全球金融危机爆发时，许多Salesforce的客户都面临着一个他们长久以来害怕会发生的局面。轻松来钱和肆意扩张的时代真的就一夜之间终结了。很多高管做到最好也就是保持原来的水平，他们祈祷能在一切恢复正常之前挺过来。

甚至当经济开始恢复了，我们不少客户本能地明白需要重新评估“常态”这一概念。高速增长的经济带来的狂热曾允许他们采取旧有的商业模式。但当这一狂热逐渐消退，他们面临第二个令人恐惧的现实：科技来找他们麻烦了。经济形势已经开始好转，不过在Salesforce，我们看到的则是地平线上新的乌云正笼罩过来：我们的不少客户将会陷入一些严重的困境之中。家得宝公司就是其中之一。

1978年，伯尼·马库斯和阿瑟·布兰克在洛杉矶一家咖啡馆里产生了开一家一站式家居建材零售店的想法。自那时起，这家公司就一直处于高速发展并且利润丰厚的状态。其带有醒目橘黄色指示牌的仓储式商场井然有序，让购物十分便捷。在此之前，各自截然不同、僵硬的供应链长久困扰着承包商和业主。该公司利用且可能加速了社会经济层面的一个重大转变：强劲的经济势头，伴随着轻松易得的信贷资金，不仅让房地产市场繁荣，还让数以百万计的美国人变得热衷于装修。关于购买、装修和翻新房子的电视节目收视率居高不下，让家得宝赢得了身处这股时代潮流中心的令人羡慕的地位。

家得宝不是唯一一家在房地产泡沫继续增长时，庆贺成功的Salesforce客户。不过大衰退给它带来了最糟糕的影响。一泻千里的房价、收紧的信贷市场和不断消失的工作岗位，让它的扩张势头戛然而止。人们对装修房屋已经彻底失去了热情，只希望能保住自己的家。

2008年9月在雷曼兄弟公司崩溃，触发了股市的大范围下跌之后，家得宝的首席财务官命令他们的分店经理们将他们所有的现金——全国每台收款机和每个保险箱里每一张皱巴巴的钞票——都转移到亚特兰大总部。接下来的几个月里，这家公司想尽一切办法维持这笔现金：削减所有资本支出，冻结所有新店开设计划，终止其股票回购计划，关闭3个主要分部，并裁减7000名员工。

家得宝遍布各地的门店，以及巨大的库存，一度是他们最强有力的竞争优势，一转眼变成了他们最大的债务负担。曾一度熙熙攘攘的购物通道和停车场也几乎都空了。销售额出现了两位数的下滑，数千名穿着橙色围裙，具有多年专业经验和亲密客户关系的销售人员，一下子清闲下来，但他们的人力成本很高。更糟糕的还在后头，家得宝已经听得见来自在线零售巨头，比如亚马逊，以低到不可思议的售价向他们步步逼近的脚步声。跟不少实体经营公司一样，家得宝开始怀疑顾客们只是拿他们的门店当展示厅，拿他们的员工当咨询顾问，然后开车回家，上网采购他们想要的货物。

在Salesforce，家得宝的困境受到了很多关注。自2007年该公司成为我们的客户起，我们通过一些较小的边缘项目为他们提供了帮助，并提议一些更大的项目。我们想帮助家得宝在即将冲击零售业的数字化革命浪潮中做好准备。他们的高管跟我们说，现在还不是时候。该公司不想产生任何新的开支。

2011年，市场终于开始有所好转，不过很明显经济上的复苏还不足以弥补已经转移到线上的销售额。我们意识到这可能是说服他们高管的最后一次机会了：要是家得宝想要有一个强劲的未来，就需要做出根本的改变。

甚至在美林事件之前，我们就认为倾听客户的声音应该是每个员工的本职工作。要去尽量了解他们实际需要什么，而不是向他们推销最新的产品，试图最大化销售额。为了能有效做到这点，我们经常不得不离开办公桌，站在客户的立场上思考。对首席执行官来说，也一样。

于是在2011年，就家得宝的业务，我决定亲自参与进来。我先跟Salesforce在亚特兰大的办事处一起敲定了一个方案，然后飞过去给家得宝的高管们做展示。我的目标是要触发一个重大的观念上的转变。我想要说服他们科技可以成为他们的救星，而不会要他们的命。

当我们开车去赴会的时候，Salesforce在亚特兰大的大客户团队负责人沃伦·维克感觉很乐观。他说家得宝的防守战术已经奏效。终于，他们已经准备好要出击了。不过，当我们开过停车场安检亭时，听到保安管公司总部大楼叫“门店服务中心”后，我们俩都默不作声了。这让我了解到了一切：毫无疑问，家得宝依然觉得它的未来还是要依靠它的实体仓储式门店，可它本应该转向可以在线提供客户服务的数字化战略。

“在家得宝，”沃伦解释道，证实了我最深切的担忧，“思维方式都是关于门店的。”

“他们没看到亚马逊一家门店都没有吗？！”我回答说。

为了让家得宝走上正途，我们必须要说服他们将他们的社群——而不是实体门店——放在他们企业文化的中心。

科技是具有破坏性的。数以千计的公司活在来自“优步”或者“亚马逊”威胁的恐惧中，并且在很多情况下，他们的恐惧是正当的。不过与此同时，科技在联结与赋能客户方面拥有惊人的价值。这正是家得宝需要去做的，而且我相信Salesforce的工程师能拿出可以完美完成这项任务的软件。

但我们的挑战比我们想象得要大。这家公司连一个客户数据库都没有！“我们在科技方面还需要相当多的帮助。”该公司的首席信息官马特·凯瑞告诉我。然而问题不在于技术本身，而在于他们错失了与客户建立多层面关系的机会。

我们提议家得宝应该帮助他们所服务的业主和承包商获得成功。这意味着他们不仅可以通过造访那些穿着橙色围裙的门店销售顾问，还可以通过在舒适的家中或者工作现场，在线登录就能获得所需的工具、材料，以及建议，从而完成任务。

这是一个相当简单的想法，我跟马特说。“你们需要的是找到一个新的方式，在所有可能的层面建立起深度联结。”

我们开发了一个软件应用，把遍布全国的那些具有丰富知识，穿着橙色围裙的销售人员联成网络，让他们可以通过移动设备即时地相互咨询。如果有个客户提出的问题他们回答不了，或者有一件商品他们找不到，或者一个销售人员想要从同事那里获得咨询或是对其提供指导，他们只要输入几行文字，就万事大吉了！

家得宝新的“Warehouse”应用发展很迅速。到2018年为止，这个蜂群思维应用已经拥有19万活跃用户，每个月能发出200万个帖子。当一个客户走进这家公司名下的一家大型门店之际，就很清楚自己必然能找到答案，来帮助他们完成自己手头的工程项目。随着时间的推移，承包商和业主们不再把家得宝当作一个流光溢彩的展示厅，而是开始把这里当作一个由热情友好、经验丰富的销售人员组成的一个社群，他们愿意且有能力帮助客户挑选完美的油漆颜色、最好的洗衣机，或者合适的电动工具。

最终，Salesforce帮助家得宝建立了一站式资源，让客户可以自己动手装修，比如进行厨房改造这样的工程，以及一套可以通过承包商下单，来监督类似于旧屋翻拆或者新装一间卫生间这样的翻新工程。

2014年，家得宝终于不再停滞不前了。这家公司出乎所有人的预料，不仅没有沿着其他大型实体零售商的轨迹，而且还获得了大幅的增长。由于其迅速增长的线上零售业务，该公司的股价在之后的4年里翻了两倍多。2017年，《快公司》杂志将该公司评为全世界最具创新力的公司之一。

家得宝成功的秘密是将实体门店与线上服务融合，创造了客户真正想要的社群体验。

家得宝的业务曾依赖于能卖出多少个钻头和多少片干式墙。通过以无线方式将分散分布的销售人员相互联结，以及将消费者和承包商联通，家得宝明白了科技并不是敌人。

当一个客户在自己搭建的漂亮的露台上打开一瓶香槟时所感受到的自豪，当一个承包商不仅按时而且在预算内完成了一项艰巨的工程后如释重负的轻松感，我无法对其给出数字上的价值。我能告诉你的，就是家得宝改变了观念。他们不再将科技视为一种威胁，而是就像马特描述的那样，将其视为一种帮助他们的客户感到被理解、被联结、被关爱的工具。当家得宝获得了成功，我们也就成功了。

## 重新定义成功

多年以来，Salesforce受益于一些有利的、时机恰当的顺风。毫无疑问，其中之一就是企业向电子商务的转移，以及他们日益增长的对客户的数字化体验的重视程度。

到2013年的时候，我们在1999年押注的行业——客户关系管理，或者简称CRM——已经成为整个软件产业里最大规模以及发展最迅猛的领域。毕竟，所有提供产品销售的公司都意识到了优化在线客户互动的需求，而且这个需求从销售和IT部门波及了几乎每个业务部门。

不过，在当时，我还没能意识到客户成功这个理念很快会成为董事会的话题。而且这并不只针对像我们这种主要服务企业的行业而言。“客户成功”在所有领域，从交通运输、娱乐、零售到金融服务，都成了热门话题。

对于一家公司而言，再没有什么比如何与客户建立关系更重要的了。在一个在线门户不断取代客户服务中心，以及算法取代一线员工的世界里，像我们这样的公司需要持续表明，我们的客户所渴望的个人联结仍然存在，并将一直存在。这里我说的不光是指他们跟我们的销售代表或者客户成功经理的联结，也包括他们跟首席执行官的联结。

即使如今我在经营一家拥有超过4万名员工的公司，我也从未忘记从我爸爸那里学来的理念：没有什么东西可以代替人际关系，它是任何企业的基石。2013年，我们发现我们在全球的业务量越来越多，所以我需要再增添一名高管——一个认同公司的价值观，并且能跟我一起在人际层面与客户建立联结的人。

多年以来，我一直试图让基斯·布洛克加入Salesforce。我觉得到了可以请他加入公司的时候了。我跟基斯差不多同时期加入甲骨文，不过分别在美国东西两岸工作，所以过去也不算很熟。他在甲骨文待了20多年，后期主要担任负责他们的企业业务的高管。我知道他是那种能够“用客户的语言交流”的罕见人才，在我们下一阶段的成长中能帮上大忙。

就在我们进行美林“康复”计划的时候，我邀请基斯在旧金山共进早餐。基斯是波士顿人，所以很自然地我们就从热烈讨论各自家乡的球队开始了我们的会面：他说他的新英格兰爱国者队和红袜队，我说我的金州勇士队和巨人队。然后，在接下来的两个钟头里，我们互相交换了关于创新、公司文化，当然还有客户成功的观点。

基斯在卡内基梅隆大学攻读的是信息系统和管理科学。他在这些主题的观点相当深刻，令人眼界大开。我同时可以感觉到他的东海岸专业精神以及慎重的行为方式，正好跟我的加利福尼亚风格和外向的性格完美搭配。而当我发现他也有一件夏威夷衬衫（我最喜欢的服饰），我就知道他就是我要找的人。

那之后没多久，基斯就成为我们新任的总裁，之后又任首席运营官。任何一家伟大的公司，其基石都是人才，这已经不是秘密了。不过聘用基斯就犹如为公司增加一根顶梁柱，其积极影响是怎么说也不为过的。随着Salesforce的产品组合超越了销售和服务，包括市场营销、数据分析、人工智能等，基斯帮助我们将足迹延伸至金融服务、医疗保健、零售以及全世界其他的多元业务。

现在我明白基斯的加入让我们的客户更加成功了，因为它让整个公司能更好地满足客户的需求。这证明了客户成功不仅仅是一个良性循环，它还是一条双向街道。

## 站在客户的立场上

当我回想起我们与美林当年合作时的重大问题时，我无法忘记可口可乐德国分公司前任首席执行官乌尔里克·勒哈默就职Salesforce前不久跟我说过的一句话。“制定决策最危险的地方，就是在办公室里，”他说，“你必须在客户现场去制定决策。”

正因如此，我们在美林证券开展的“康复”计划的最后阶段，西蒙的工程师大军基本上搬到美林的办公室了，在那些顾问工作时，他们就在旁边。这种极度亲近的距离让他们能解决那些我们已经发现的深层软件问题，同时能发现新的问题。这还使得他们可以在现场对解决方案进行改进，然后评估顾问们的反应。

2014年9月，就在第一次警报响起大约一年后，我们给美林证券的所有顾问推出了一个新的应用程序。当时顾问人数已经达到25 000。我们提供给他们一种全新的日历管理和日程规划方式，简化了他们摘取笔记以及创建任务的操作，甚至还引入了一种全新的搜索模式。几个月内，该公司内部采用我们的平台的比例从60%上涨到90%。很快我们就被解除了“遏止”状态，重获他们的青睐。

我们也的确有可能通过仅仅对问题微处理，只把工作做到能平息他们的不满，来保住美林这家客户。那么做毫无疑问更轻松。但是，我们通过牢记自己渴望成为什么样的公司，以及毫不畏惧地重新审视我们过往奏效的工作方法，来直击这一问题。

赢回他们的业务自然感觉很好，不过对我而言，带来更好感觉的，则是我们的价值观创造的协同效应；通过将“客户成功”置于首位，帮我们赢回了美林的信任，同时也带来了新的解决方案和创新。这场危机还给了我们一张如何解决客户重大问题的蓝图，以及一个警示，即成功不是把工作做到能留住客户的程度，而是要能给客户他们成功所需的工具——在当下，以及未来的岁月里。

●◆●

在那不久之后，有一个新的客户带着一个完全不同的问题找上门来，恰好证明了这些经验是颇为有用的。

来的是阿迪达斯的首席执行官卡斯帕·罗斯泰德，跟我们说他的跨国运动服装品牌正在努力吸引新一代的运动鞋消费者。他解释道，这些人都是数字生活一族，追求“即时满足感”，而且阿迪达斯在确保这点上面临相当大的压力。当在线消费者访问阿迪达斯的网站时，经常在屏幕上看到诸如“请稍后再来”，或者更糟糕的“网站崩溃”这样的提示。有一次公司举办了一次受到疯狂欢迎，由坎耶·韦斯特设计的一款Yeezy运动鞋的限量在线销售，仅限一天，结果访问量太大导致网站崩溃了，让公司很尴尬，也疏远了客户，甚至影响到了坎耶和公司的合作关系。阿迪达斯需要转变其整体客户体验，消除那些令客户成为批评者的因素，让客户变成口碑传播者。

阿迪达斯明白下一款Yeezy运动鞋会很受欢迎，对其的需求是明摆着的。按照阿迪达斯的定义，成功就是看公司能否提供满足客户期望的购买体验，同时与百万粉丝建立个性化的联结。

我们与阿迪达斯合作，确保他们的平台能同时处理大量的访问人数。我们还剔除了黑客机器人程序。之前黑客利用这个程序批量购买Yeezy和其他热门商品进行倒卖。我们处理这些技术问题相当迅速，帮助阿迪达斯实现了节日季一天促销的销售纪录，同时创造了这个品牌的数字化社群。

不过，阿迪达斯面对的更大的战略挑战是如何将客户对产品的需求转化为与客户更持久的关系。阿迪达斯需要找到一个更好的方法，让那些运动鞋购买狂们更频繁地来访问他们的网站，让网站的访问人数更多，不管是不是限时抢购。

在开始编写代码之前，我们都订购了带着阿迪达斯标志性的三条纹商标的运动鞋。我们总是说站在客户立场[1]的重要性，这一次我们终于有机会真的这么做了。穿着我那双14号[2]的法瑞尔·威廉姆斯设计款运动鞋，我把我们最优秀的工程师和数据科学家召集起来，告诉他们，他们将去阿迪达斯总部办公。没多久，Salesforce的首席产品官阿列克斯·戴扬就把一辆装满了样品和机器人的大卡车开进了阿迪达斯总部，以便向他们展示人工智能可以如何帮助他们更好地了解他们的客户——并以前所未有的方式吸引客户。

一个人工智能驱动的网站能够分析过去所存储的购买数据，并且利用这些数据来预测每一位购买者会愿意购买哪一款产品，同时引导他们了解特别优惠，从而让每一位客户的互动体验变得个性化。这些智能化的产品推荐将帮助人们找到他们想要的产品。

---

❶ 编者注：此处的英文是walk a mile in a customer’s shoes，直译为穿着客户的鞋子走一英里，此处为意译。

❷ 译者注：相当于中国鞋码48号左右。

在2017年11月，阿迪达斯发布了一款和Salesforce联合打造的人工智能驱动的软件。截至2019年春，该软件已经在全球超过25个国家下载次数超过700万次。在2018年，该公司的线上收入大幅增长了36%。

阿迪达斯所获得的成功，也是我们的成功。我们倾听了他们，吸收了他们的文化，理解了他们真正需要什么。这就是我们如何与他们一道实现目标的。

●◆●

就在我写下这些之际，我心里很清楚关于商业的未来，仍然有很多谜题等待我们去解开。这是一个永无止境的进程。不过，关于客户成功，我有以下很明确的4个观点。

第一，科技进化将永不会停歇。在即将到来的岁月里，机器学习和人工智能将会成就或者摧毁你的企业。要获取成功，就需要使用这些工具，全新地了解你的客户，以便于你可以提供更智能化、个性化的体验。

第二，这是目前能帮助我们达到各种可能成功标准的一套最优工具，无论是寻找更好的方式将投资机会与有兴趣的用户匹配，还是让客户在翻新自己房屋时感到激动万分。

第三，客户成功有赖于所有利益相关者。这句话的意思是，它有赖于那些有高敬业度与责任感的员工，在一个能让他们发挥自己最大能力的环境中，发展自己的职业——这里的员工是指全体员工，从实习生到首席执行官。利益相关者还包括设计和实施客户方案的合作伙伴，以及为我们的员工和本地客户提供学校、医院、公园及其他设施服务的社群。

第四，也是最为重要的一点是：客户真正想从企业获得的，与企业实际可能提供的之间的差距，正在飞速消失。这会改变所有一切。未来不再是学会把我们已经在做的做得更好，而是关于我们的想象力边界，还能拓展到多远。

让几年前不可能的变成可能，帮助客户以新的方式繁荣发展，这样的能力将成为任何成功公司的增长驱动力。我相信我们正在进入一个客户越来越期待你创造奇迹的时代。要是你不重视把客户当作你一切行动的中心，你就要落后于时代了。

无论你是制造汽车、太阳能电池板、电视节目，或是其他任何产品，存在着无限的机会。每一家公司都应该致力于帮助客户找到新的目的地，并开拓新的道路来抵达目的地。

要能做到这点，我们必须抗拒那种做出快速、细小的改进的冲动，花更多的时间来深入倾听客户的真实需求，即使他们还没有完全知道自己的需求。说到底，你必须承认你的成功，不可避免地与他们的成功紧密相关。

# 5

# 创　新

## 人工智能和生态系统的力量

2015年夏天，十几个Salesforce的明星级工程师收到了我的一封会议邀请函。标题栏只有两个大写字母：AI[1]。

工程师们陆续抵达，在会议桌旁落座，我能感觉到他们对接下来要发生什么已经很清楚了。我把他们召集起来是为了宣布我们即将开启一个全公司范围的项目，目的是将AI注入到我们的每个产品里。他们的任务就是想出一个方法，把公司里所有的人才组织起来，完成这个目标。

这可是压力不小。

如果20世纪后期的决定性技术是微处理器，那么从每个可想到的层面来说，人工智能和机器学习就将成为21世纪的标志性进步。不用多久，我们生活中最重要的那些功能、Salesforce及其客户的未来成功，都将取决于我们跟随这些看不见的潮流的能力。我们不想被技术革命落下。

那天我把我们的工程师们召集起来时，AI还处在它的胚胎阶段，但也已经被用来执行一些特定的任务了，比如谷歌的预测搜索，金融机构

---

[1] 译者注："人工智能"的英文缩写。

的欺诈侦测，实时语言翻译，以及发现最可爱的猫咪视频。初代AI驱动的设备，比如苹果的Siri和亚马逊的Alexa，都已经推出并投入使用。它们可以回答类似于“天气怎么样”或者“今天上午的日程安排有哪些”这样的问题，根据指令开启家用电器，存储如购物和任务清单这样的信息，以及不断在成千上万的变量之间建立关联，使得将来的互动“更加智能”。

这些应用设备看起来很前沿，可我们也明白它们实际拥有的潜力超乎我们的想象。不管是在云端，还是在我们的口袋里，计算机已经变得如此强大——也产生了海量级的数据——以至于在机器学习领域取得突破的话，将不仅仅是改变这个赛场，它们将彻底改变这个比赛，而且会非常迅猛。要不了多久，我们的客户会求我们带领他们进入这一新的前沿地带，就像我的联合创始人帕克·哈里斯说的那样，“AI将会带来比互联网更多的冲击，我们现在只是刚开始玩第一局”。

AI带来的一个巨大的希望就是有史以来第一次，公司可以利用它们收集到的消费者行为、行业趋势、人口分布变化，以及其他的海量数据，揭示那些人脑无法监测到的模式。随着机器越来越智能化，这些功能只会变得越来越精密，而且可能很快就会被用来实现精准的定制化沟通：从联系客户的最佳时间，电子邮件最恰当的标题，到在社交平台上描述产品时，该强调哪些功能或者品质。换一句话说，AI会收集它“理解”的所有过去的信息，并用它们来对未来做出令人惊讶的准确预测。如果我们能开发出它的全部潜力，我们知道它将能产生智能与洞见，帮助我们的客户以超乎他们想象的方式获得成功。

AI最令人激动的希望，不是更高效地做任意一件事的能力，而是可以把几乎所有事做得更好的可能性。这个巨大的潜力，也是让人对AI望而生畏的原因。我们没有蓝图，也没有行动计划这样的东西。我们知道的是我们想要给企业打造一个AI工具：它能让每一个客户通过点击鼠标，而不是编写代码就能轻松执行个性化任务，可以在电脑端和手机端处理数以十亿量级计的客户互动。不过鉴于之前从未有人创建过这样一个工具，我们也完全不清楚究竟该怎么着手开始。

我们利用计算能力的巨大突破，以及开发更复杂的算法来收集和理解客户数据，都只是AI的开始。如果AI可以获得有效并且符合伦理要求的运用，我们都明白它可以完成难以置信的事情。我们也明白我们作为一家公司的生存有赖于此。

●◆●

对不少人来说，“创新”这个词几乎已成为硅谷的同义词了，这当然是不无道理的。毕竟那么多标志性的科技公司——只说这几个：惠普、英特尔、苹果、甲骨文、思科、财捷、谷歌和脸书——都是在此诞生的。现在每年还有数千家初创公司在此落户，希望能成为这个传奇的一部分，而且其精神已经被全世界不少具有开拓精神的城市引进。不是所有梦想打造“下一家巨头”的都能做到。不过有些人做到了。

在离传奇之地近在咫尺的环境里长大，我看着科技改变了那里的景观。这么说既有字面上的含义，因为农场和杏树庄园给芯片厂让出了地方，也有虚拟层面的含义，因为那个地区已变成一个巨大且无形的网络中心，连接着散布在世界各地的数十亿人们。

看着这片地区随着时间推移演变——见证了太多曾一度颇有希望的

公司耗尽现金然后消失，太多富有才干的企业家才华燃尽，以及很多办公大楼楼顶公司标识的变更——我了解到成为历史的脚注有多容易。想要在硅谷——及任何发生着大事的地方——经受住不断袭来的变革之风，光是嘴上说说创新是不够的。如果你不将创新奉为一个基本原则，你绝无可能做到这点。

我不认为估算出我们在Salesforce内部讨论创新所花的时间总量是有可能的。在我们所有的核心价值观里，这个看似是跟企业成功的传统衡量标准最能量化关联的一个。这也是为什么我们雇用了最聪明的天才，培育并利用公司内部的创造力。因为对任何公司，而且是任何科技公司来说，创新与股价、营收和利润之间的联系是相当直接的。

成功的公司持续创新，就是如此。

2015年的那天，当我跟我那些顶级工程师们围坐在会议桌旁时，我很清楚我是在让他们进行一场颇具野心的挑战——也许是我们公司有史以来最具野心的一场。我也很清楚这风险不低。命悬一线的，不光是Salesforce能否在AI领域拥有未来，也是我们是否拥有未来。

我很有信心我的团队能够达成这个目标。毕竟，他们已经经受过那么多挑战，应该已经知道如何把云端、社交网络和移动端整合到我们的CRM应用里去。与此同时，我也清楚AI是我们有史以来试图攀登的最高巅峰。

我从高风险商业项目学到的一点，就是它们本质上是一个压力测试。它们总是试图让你去质疑你的价值观，甚至有时候会动摇你的这些价值观。不过很多情况下，它们也能带来崭新而且令人眼前一亮的洞见，能让那些价值观更深地融入你的企业文化之中。

2015年的那次会议并没开多长。我们讨论了一些我们觉得颇有前途的AI应用，然后就一些可能的新的开发方向进行了一次头脑风暴。我和我的团队都已经很明白，这次挑战会迫使我们把关于创新的口号转化为行动。我们当时没能立即看清楚的是，要做到这点，我们将需要彻底改变我们的方法。我们将需要做的，不仅仅是召集我们最优秀的员工，给他们一个最后期限，然后让他们开始工作而已。我们即将学习到的是，要能迎接这个挑战，我们需要拥有某种勇气。

我在日历上某个日子上画了个圈，这一天是2016年Dreamforce大会的开幕日，以这个方式结束了这次会议。我们有不到一年的时间，来让我们有史以来第一个AI产品呱呱坠地。

我们有充分的时间来研究，AI是我们的期末大考。

## “保持正念，并预见未来”

我人生中第一个榜样，除了我爸爸和外公以外，就是阿尔伯特·爱因斯坦。

他是个天才，毋庸多说。身为有史以来最伟大的创新者之一，他确实揭开了宇宙的秘密。不过这并非全部。作为一个不辞辛劳反对使用和制造核武器的社会正义代言人，他，就像我外公那样，以身作则地表明了在生活和工作中，秉持自己的价值观意味着什么。

除去所有这些，他还能够带着近乎儿童好奇心般的热情开展工作。“想象力，”他曾说道，“就是最高形式的研究方式。”

对我而言，像爱因斯坦那样，罕见地融知识、道德信念、直觉和无限的好奇心为一身，几乎是个不可能实现的理想。如同后来启发我的禅宗僧侣一样，爱因斯坦能摆脱先前形成的观念，以一种毫不受拘束的方式思考这个世界。这也是我最终渴望在Salesforce内部再造的精神状态。

青少年时期，我就在卧室里挂了一张爱因斯坦的海报，还说服我高中的数学老师在他的教室里也挂了一张。出于年轻人典型的盲目崇拜（也许还有点狂妄自大），我在我那本伯灵格姆高中年鉴上引用了这位伟人的一句格言："伟大的精神总是遭受来自平庸的头脑的粗暴反抗。"

当我们在旧金山一套租来的公寓设立Salesforce的第一间办公室时，我们在爱因斯坦的凝视下，夜以继日地辛苦工作。我的联合创始人——帕克·哈里斯、戴夫·莫伦霍夫，还有弗兰克·多明戈兹——还有我，并不是想要编纂物理法则，而是我们都下定决心要颠覆软件行业，并且证明那些怀疑论者错了。

当然，爱因斯坦不是我唯一的榜样。毕竟那些梦想成为未来的创新者的人，总是情不自禁地向他们前面的伟大创新者致以敬意。

这也解释了为什么我心中下一个榜样不是别人，正是传奇人物史蒂夫·乔布斯。

我第一次遇到史蒂夫还是在1984年，苹果公司聘我当暑期实习生的时候。实际上我得到这个工作也是一个偶然机会：身为一个南加州大学在校生，我主动联系了该公司的麦金塔团队，就他们软件里的一个漏洞投诉了一番，结果不知怎么回事，这段对话就造就了一个工作机会。我当时竭尽全力装得像是一个经验丰富的程序员，其实19岁的我，所有的编程经验也就是在高中时写了十来个街机和冒险类游戏而已。在苹果公司工作就像加入了大联盟[1]级别的队伍一样，而即使我觉得相当不够资

[1] 译者注：美国棒球大联盟。

格，那个暑期也没人把我拒之门外。实际上，每次史蒂夫・乔布斯走过我的办公桌时，我都会鼓足勇气来找机会跟他搭上话。

我们交谈得不多，不过那些细碎的互动最终建立起了一个纽带。我和史蒂夫都喜欢技术、科学，并且对冥想和东方哲学都有着热情。此外，除了是一个优秀的高管以及无与伦比的创新者以外，他还是一个有着很强灵性和直觉的人，拥有能快速从多个视角看透这个世界的天赋。我发现他愿意分享自己的智慧，我也不惧怕提议他跟我分享。

甚至在我的实习期结束后，我们还保持着联系，并且伴随着我的职业生涯的发展，他也成为一个类似导师一样的角色。正是因为这个原因，在2003年，一个永生难忘的日子里，我在苹果公司总部的接待处焦虑不安地来回踱步。

在Salesforce创办后的4年里，我们聘用了400名员工，年度营收超过5000万美元，而且正在为下一年的首次公开募股进行准备工作。我们对自己取得的进步感到骄傲也不是毫无理由的，不过我也很清楚在科技行业里，骄傲是一种危险的思想状态。

实话实说，我当时觉得被卡住了。为了能让公司快速进入下一个成长阶段，我们需要采取一些大胆的行动。我们已经熬过了可怕的初创阶段，很多公司在这个时期内就折戟沉沙了。不过对于管理一家每个季度都要向华尔街披露的上市公司，该如何应对这样的压力，这让我备感挣扎。

有时候，向导师寻求指导，是唯一可以确保摆脱这种无力境遇的途径。这就是为什么我决定要去库比蒂诺参拜一番的原因。

当天就在史蒂夫的手下带我走进苹果的会议室的时候，我感到一股激动之情传遍了我那些紧绷的神经。就在那一刻，我回忆起当年身为一个缺乏经验的实习生，鼓足勇气跟大老板搭上几句话的那种感觉。几分钟后，史蒂夫冲了进来，毫无意外地身着其标准的牛仔裤和一件黑色的半高领套头衫。我当时还没想明白到底要跟他问些什么，不过我明白最好是单刀直入。他可是个大忙人，说话直截了当、迅速切中要害也是相当出名的。

于是我就在我的笔记本上，给他放了一段Salesforce的CRM的演示视频，不出所料，他立刻就有了些想法。在对我们的软件的基本功能性方面，抛出了一连串既快又准，细致到导航条的形状和颜色的建议后，史蒂夫往后一靠，双臂抱在胸前，开始讲一些更大的话题。Salesforce已经创建了一个“相当出色的企业网站”。他告诉我。不过他和我都很清楚，光靠这些远远不够。

“马克，”他说，“如果你想成为一个伟大的首席执行官，要保持正念，并预见未来。”

我点点头，也许有点失望。他之前就给过我类似的忠告，不过这次他继续说了下去。

史蒂夫接着告诉我，说我们需要签下一个大客户，还要“在24个月里成长10倍，不然就死定了”。我倒吸了一口气。接下来他又说了些不那么吓人的，但是让人有点摸不着头脑的话：我们需要一个“应用生态系统”。

我明白，想要跻身于“大联盟”公司之列，我们需要漂漂亮亮地赢得一个大客户。可是一个Salesforce的“应用生态系统”究竟是什么样？史蒂夫跟我说这得由我来想清楚。

到了2006年1月的时候，Salesforce的年度营收已经超过3亿美元。

自那次和乔布斯会面以来，在3年里增长了3倍。我们飞速成长，不过我们推出的创新产品和功能越多，客户对我们的期望就越多。我们的工程团队，尽管非常优秀，已经开始接近其生产能力的上限了。私下来说，我开始担心我们是不是能够适应规模扩大带来的压力了。

在之前的时代里，处在我们这个境地的公司，就会把它们最优秀的科学家召集起来，然后把他们藏在一扇写着“绝密”两个字的三保险大门之后。这些被指定的天才会在与世隔绝之中度过漫漫长日，摆弄原型，苦苦思考那些黏土模型，接触不到一丝外界干扰。那些时代，创新的主导模式就是秘密、昂贵和耗费时间。外界的输入是绝对不受欢迎的。

在整个过程的结尾，这些科学家们会从密室里现身，很可能一副咖啡因摄取过量，而且蓬头垢面的样子，还会推着一辆手推车，装着某个从来没人看到过的新产品。然后就等着客户下结论，看看这个产品是不是什么制胜法宝。而太多情况下，答案都是否定的。

我们也曾经使用过这种老掉牙的方式，还是在公司创建初期的时候。然后，在2006年，Salesforce的创新方式开始改变了。这不是一个有意识的决定，不是我们花了很长时间计划的，纯粹就是应对我们当时的挑战而做出的反应。为了实现如此大规模的创新，我们意识到已经不能对劳累过度的工程部门提出更多要求了。唯一可能扩大我们创新效力的方法，就是开始招募局外人。

数字时代所具有的独特之处之一，就是它是通过一个截然不同的基础设施来运行的：通用的计算机编程语言。你不建造一座汽车厂，就没法制造汽车，可要是你是一个熟练掌握编程语言的软件开发者，只需要有源代码你就能打造新的应用。每一年，全球范围内富有才干的软件开发者大军都在不停壮大。我突然意识到，我们只需要利用好这些智慧，然后那些“闪光发亮的汽车”你想制造多少，就能制造多少。

某晚，在旧金山吃晚饭的时候，我突然闪现出一个令人无法抗拒的简单想法。如果全世界任何一个地方的任何一个软件开发者都能为Salesforce的平台打造他们自己的应用，会怎么样？还有，如果我们能把这些应用存放在一个在线目录下，让任何一个Salesforce用户都可以下载它们呢？我不会说我对这个想法感到完全舒服。毕竟，我是在那种传统的创新的观点里成长起来的，即认为创新应该是发生在办公室的四面墙之内。根据这个想法，把我们的产品开放给外部进行修改，等同于把我们的知识产权拱手相送。此外，这还涉及放弃控制，感觉像是走到了领导的对立面。不过，在那个时刻，我的直觉告诉我如果Salesforce要想成为我期盼的全新公司，我们就需要在各处寻找创新。

于是我就在餐厅餐巾上，把我的想法勾画了一下。就在第二天上午，我去找到我们的法务团队，要求他们去注册“AppStore.com”的域名，并且买下“App Store”[1]这个商标。

自那以后没多久，我听说客户们并不喜欢“App Store”这个名字。实际上，他们很讨厌这个名字。所以时隔一年后，我极不情愿地做了让步，我们推出了“AppExchange”[2]，这是第一个商用软件市场，也是我们“在各处寻找创新”这个全新承诺的第一个重要项目。

●◆●

[1] 译者注：意思是“应用商店”。
[2] 译者注：意思是“应用交易所”。

2008年，在我们推出AppExchange约一年以后，我回到苹果在库比蒂诺的总部，来见证史蒂夫揭晓他们公司的下一代创新引擎：一个分布广泛，没有边界，让数以百万计的客户、软件开发者以及合作伙伴得以打造他们自己的，能在苹果设备上运行的应用程序的数字化中心。史蒂夫是一个表演大师，这次的演示也一点没让人失望。在高潮部分，他说了4个字，差点让我坐到地上："请看App Store！"

我的所有高管都倒吸了一口气。当2003年我跟史蒂夫·乔布斯见面时，我早就明白如果用下棋打比方的话，他的眼光总是领先我100步之遥。可谁都没想到史蒂夫会用我最初给我们的商用软件交易网站提议的名字。

对我来说，这既令人兴奋，又令人羞愧。史蒂夫这么做，倒是不经意间给了我一个绝好机会，来回报他在5年前曾经给我提出那个颇有远见的忠告。演示结束后，我把他拉到一旁，跟他说"App Store"的域名和商标都在我们名下，而如果能免费把这些权益转移给他，我们将会非常开心，并且备感荣幸。

到2019年，AppExchange已经拥有5000多个可供购买的应用程序，从销售管理、项目管理工具，到协作相助工具。而且，将近90%的Salesforce客户在使用它们。

史蒂夫帮助我了解到真空环境绝不可能成就伟大的商业创新。它们建立在成百上千个更小的突破和洞察之上，而这些可能来自任何地方。打造一个生态系统，就是承认下一个具有颠覆性的创新可能来自一个硅谷的技术高手和导师，也可能来自一个居住在地球另一端的编程新手。这个原则适用于科技行业。当然，也适用于知识、科学和理论层面的突破。

无论是在软件、零售、艺术和文化，或者其他行业，一家希望实现真正规模的公司，需要在它的外部寻找创新，利用整个外部世界的知识与创新。

## 创新，无处不在

2014年，Salesforce收购了一家名为RelateIQ的公司，他们开发的软件可以从用户的电子邮件、日程安排、智能手机通话和社交媒体发布内容中抓取数据，并以此为用户提供重要的洞见和提醒。举例说，假设一个销售代表一直没能收到某个客户的回复，该软件将会把所有相关的变量集中起来——比如他们初次会面的日期，以及通过手机和电子邮件进行的全部通信往来的日期——自动生成一个任务日程提醒，告诉销售代表要跟进了。在那个时候，为了给我们的软件加入人工智能，这款软件是最接近我们目标的了。我们意识到这种兼具实用性和预测能力的智能，正是急需在我们业务中推广开的。

当我在一年之后宣布启动大型人工智能项目之时，排在首批的项目之一，就是跟我们自己的销售团队多年来在反馈会议中持续提出的问题有关：他们迫切需要一个工具，来帮他们弄清哪些工作应放在首位，以避免在那些不会出成果的客户身上继续浪费大量时间。

于是一支由埃尔南·阿斯普雷带领的数据科学家小分队接下了这份战书，并搭建起了一个“机会评分”系统。其基本的工作原理就是这套算法会去关注一些变量，比如某个销售业务机会已经运作的时间长度，有多少家竞争对手在抢同一个客户，该客户的价值，以及负责该客户的运营团队。然后它就针对该销售业务机会给出一个用一颗到五颗星表示的评分。通过追踪结果并和自己做出的预测进行对照，这套算法会随着时间越来越智能，在未来就能给出更优秀的建议。

这个工具深受我们销售团队的欢迎，因为他们很快就见证了飞速提升的工作效率。于是在2016年夏季，我们把机会评分功能提供给了部分客户。在2016年Dreamforce大会到来之前，我们离目标还有一些距离。不过我们已经胜利在望了。

就是在那段时间里，我决定要给这个AI产品起个名字。跟我们手头上其他需要完成的工作相比，这件事情看起来无足轻重，可总不能一跟人提到它，就只称为“人工智能项目”，它需要有个姓名。我觉得这个名字得极富戏剧性和辨识度，就像IBM的沃森系统那样。很自然地，我提议用“爱因斯坦”。这个名字贴切到令人无法抗拒：“Salesforce的爱因斯坦，世上最智能的CRM！”还有，要打造一台名字叫“爱因斯坦”的机器，我们就得要具备爱因斯坦他本人的精神。

在2016年Dreamforce大会上推出“爱因斯坦”前的几个月里，一支小规模队伍，由工程师约翰·波尔、维塔利·戈登和舒哈·纳巴尔牵头，跑到位于帕洛阿尔托市中心的西榆家具商场地下的大办公室里，避开Salesforce总部大楼里的各种干扰，夜以继日地赶进度。

不过结果表明，就算这个临时实验室里的人才济济一堂，也还是需要从他们的外部寻找创新。

自2014年起，埃尔南就在Salesforce担任着一个重要可又不太起眼的职位，就是利用数据来了解我们的客户们是如何使用每一个软件产品的。然后他会用那些研究成果，来指导产品决策，即基于用户采用率和市场趋势，决定哪些新功能和版本应该获得最多的资金。

以创新为核心价值观，并营造一个可以维持创新的强大生态系统，其好处之一就是Salesforce里每个层级的每个成员都被鼓励分享新的主意。在Salesforce，好主意就是好主意，就这么简单，不管是谁提出的。这样做的结果就是，从暑期实习生到高级管理层，每个人对自己的想法总有机会被倾听、讨论这一点，都充满信心。

这大概就是为什么在2016年初，埃尔南会毫不犹豫地直接找到我，跟我说我们遇到了一个问题。在几周前他参与的一次管理层会议上，我曾经让来自不同地区的销售高管们对该季度的销售额做个预报。每个人都告诉我说跟内部预测的目标完全一致——可是当该季度的统计数字汇总后，有一位销售高管的数字错得太离谱了，导致我们的业务收入出现了一个未预料到的缺口。

不过埃尔南不只是提出了他看到的问题，他有一个主意。

要是他把季度销售数据全部都输入“爱因斯坦”，然后创建出一个财务预报工具，可以让它随着时间越来越智能，会怎么样？他觉得要是找到正确的算法，我们以后就不再需要依赖高管们来做季度销售额预报了，人工智能就帮我们搞定了。

这可是桩大工程。而且要想能落实的话，埃尔南必须能脱离他日常岗位的束缚。这么做肯定不是一个理想方案，可我们明白要想在人工智能上获得突破，常规产品和功能方面的需要必须让位于实现创新。于是埃尔南从他的上司阿列克斯·戴扬，时任首席产品官那里，申请到了时间和资源。

凭着这种最优秀的开拓精神，埃尔南最终成功了。如今当我跟我们那20位高管召开每月两次的例会时，“爱因斯坦”总是跟我相伴。在高管们拿出他们对不同地区、产品和销售业务机会的分析和预测后，我就会在手机上跟这位虚拟的爱因斯坦说：“好的，爱因斯坦，你都听到了，你的想法是什么？”

然后“爱因斯坦”会把该季度过高/过低预测告诉我，明确我们优劣何在，甚至能指出需要关注的具体模式或者区域。有的时候，“爱因斯坦”的分析会让人如坐针毡，我对此也很敏感，可它极少会出错。除此以外，它还提供了一样我觉得每一家公司都需要的东西：一个客观、不偏袒、不情绪化的与会者。

尽管不是他的工作职责所在，埃尔南还是开发出了一套最终不只是供我们自己销售团队内部使用的产品。它演化成了“爱因斯坦预测”，我们最热销的产品之一。实际上，某次我在接受美国全国广播公司商业频道的吉姆·克莱默采访时，描述了一下这个产品后，我的电话就被大大小小的公司的首席执行官们打爆了，每个人都想知道他们能否购买“爱因斯坦预测”。

2016年9月19日，我们按计划在Dreamforce大会上正式推出了Salesforce的“爱因斯坦”。在为这个成绩感到骄傲的同时，我们也明白要说大功告成还为时太早。这只是我们在人工智能这段旅程上的起步，我们需要让我们的生态系统全力开动，取得更多的进步。

## 正在进行中

2018年一个夏日夜晚，在旧金山市中心一家名字叫“大道”的饭店里的一个包厢里，两名Salesforce最优秀的计算机工程师叫了一瓶红酒，开始了他们定期的月度战略讨论会。

这次讨论将聚焦在他们最喜欢的话题上，就是AI。

布雷特·泰勒，我们新任的首席产品官，和理查德·索希，我们的首席科学家，已经就进入AI项目的下一阶段讨论了好些个月。除了其他的工作，他们还在着手打造一些具有深度学习能力，可以听懂任何人，无论是说什么语言的应用程序，以及可以用任何一个人的自然语言以语音或者聊天的方式进行对话的数字助理程序了。他们当晚之所以有这场讨论，是由于公司的一项颇具雄心的收购业务，这笔收购业务是由Salesforce风投的约翰·索默耶和他的团队操作的。Salesforce风投是我们在2009年创建的一个投资部门，专门关注新的行业动态，以及颇有前途的初创公司，同时来拓展我们的生态系统，填补我们产品技术的空白，以及找到并聘用富有才干的计算机科学家，就像布雷特和理查德这样的。

布雷特浑身上下散发着远超出其39岁年龄的能量和智慧，工作简历相当精彩。他曾经在脸书担任首席技术官，也是提出那个标志性的“like”（点赞）按钮的工程师。在此之前，他还曾就职于谷歌，在那里合作开发了谷歌地图。布雷特还创办了一个叫Quip的初创公司，Quip是一款应用，允许在很多设备上进行实时通讯，并对文档、列表、任务清单、数据表格以及演示资料协作。当我们在2016年收购了Quip时，我们不仅获得了布雷特这样优秀的技术专家和高管，同时还收获了很多下一代的生产力工具，我们可以将其整合进Salesforce的产品里。

理查德也具有开拓者的特质。身为斯坦福大学计算机科学的兼职教授，他有着孩童般的笑容，和一头乱蓬蓬的胡萝卜色头发，有时候被亲昵地称为“小男孩科学家”。很多个周末，你都能看到这个36岁的德国小伙子在他的旅行轿车里装上滑翔伞和动力冲浪板，然后开车去旧金山湾。看着他启动马达冲浪的样子，你绝不会猜到他是一个在深度学习方面领先的AI专家。深度学习就是教软件模仿我们大脑的神经元保存和处理信息的方式。他在自然语言处理方面也绝不逊色，其研究成果被学术引用的次数超过了34 000次。

在这个地球上，哪怕在硅谷，也没几个人能听得懂那一晚布雷特和理查德两人讨论时使用的行业术语。这些技艺高超的创新者——还有许多才华横溢的新入职的和已长期供职的员工——就是我们在各处寻找创新的表现之一。

他们的共同努力，使得我们得以将AI技术无缝注入我们的产品里，以至于客户甚至都没有留意到它们。想想使用亚马逊的Alexa，或苹果的Siri，或谷歌助手来查看天气情况或播放音乐是多么轻松。多亏了我们的顶级移动客户端工程师刘青青，我们现在也拥有类似的产品，可以帮助人们管理他们的企业。在仅仅几个月的时间内，她将所有相关的AI技术与Salesforce令人震惊的海量数据结合，打造出卓越的体验，我们称之为“爱因斯坦语音助手”。

如今“爱因斯坦”就在我手掌上，它是一个能发出语音的数字化助手，能理解我们的商业处境，参加我们的会议，收集相关数据来更新与会谈有关的备注和记录，甚至能贡献一些意见。我们的目标是随着时间推移，我们能给每一个客户提供这样AI驱动的数字化助手——而且随着技术不断演化，它们将越来越精准。

在未来几年，越来越多的创新成果将来自人类和机器的合作，即利用各自独特的能力。机器可以做更多的常规和重复性工作，以及人类无法做到的模式识别，而我们将能够把更多的时间花在“保持正念，并预见未来”上（就像一位智者曾经给我的忠告一样）。

对AI在伦理上的担忧是合理的，我也有这样的担心。不过归根结底，打造人工智能的是人类，这些工具的道德水平会跟打造它们的人类一样。同样地，机器是没有初心的，并且没有一项科技是天性为善或者天性为恶的——它是怎么被使用的，才是关键。未来的产品只会和发生在产品周围的坦诚对话一样好。

担心AI和机器人自动化生产会消灭工作岗位的恐慌，也不是空穴来风。而这也是为什么我相信随着计算机承担更多之前由人类从事的工作，我们需要找到更多方法来帮助大家继续保持充满好奇、思想开放、敢于冒险的开拓者精神，这样他们才能学习并适应即将到来的美丽新世界。

不管我们喜欢与否，人工智能就是我们的未来。在Salesforce或其他任何地方，人工智能有效的唯一方式是技术的设计者和使用者能无缝合作。更重要的是，我们需要接受一个事实：创新确实来自任何一个地方。

●◆●

2017年，刚刚加入公司后才几个月，理查德·索希来找我，一脸担心的样子。身为首席科学家，他不明白的是为什么我要求他，就凭着他拿到的有限预算，来完成所有我们预想出来的前沿工作。

“你并没有在创新上投入足够的钱，”他迷茫地说道，“你怎么能称创新是公司的核心价值观？”

一开始我完全没明白这个问题。在我看来，预算还可以。然后我就想起理查德跟我们相处没多久，所以不明白在Salesforce是如何创新的。他还不清楚我们打造创新产品的能力，并不只是看我们在研发上投入了多少资金。它还跟拥有一个多元化的生态系统有关，这个系统由充满好奇心的人组成，他们挑战传统智慧，被赋能去追逐疯狂的想法。

在Salesforce，我们是这样创新的，我跟理查德说："我们从每一个地方寻找创新。"

# 6

# 平　等

## 好好照一照镜子

2015年3月，当Salesforce的首席人力资源官辛迪·罗宾斯走进我家，参加我主持的定期高管会面时，我能看得出什么事情有点不对头。不仅仅是她看起来不同寻常地少言寡语，甚至表现得略微焦虑，她还反常地带了一位后援，也就是另一位女性高管，名叫蕾拉·塞卡。

我从来不相信单位办公室是一个可以进行轻松、坦率的谈话的场景，所以我通常在我的家庭办公室里进行这些一对一的会面。会面时的标准服装就是“休闲”，在科技公司的词典里，可以解释为“牛仔装”。不过，就在这一天，我把“休闲”提升到了一个新的高度。当时，我正在跟戴尔的创始人兼首席执行官迈克尔·戴尔进行一场慈善Fitbit运动比赛，所以当我冲进办公室时，穿着运动短裤、一件T恤衫，还戴着一顶棒球帽。从房间里的能量场，我能感觉到一些很重要的事情显然要发生，而我却一副健身狂的打扮。

辛迪和蕾拉都刚刚40岁出头，也都是在湾区长大的。辛迪2006年加入Salesforce，出任招聘专员，最终升任总裁及首席人力资源官，直接管理700名员工。蕾拉则是2008年加入，出任Salesforce AppExchange的市场总监，之后又担任了我们商用软件团队的多个不同职务。

尽管她们是多年好友了，也还是经常拿她们最初没有很好地相互配合说笑。辛迪自我描述是性格内向，在公司里以一个镇定自若、不易动摇的职业经理人形象著称，而蕾拉，则性格外向，那天来的时候，穿着一双勃肯牌拖鞋，戴着一条设计师设计的围巾，她曾经在和平队[1]工作。在经过了最初不是很顺畅的合作阶段后，这二人最终团结在一起，因为在男性主导的行业中，她们的职业发展面临共同的挑战。

“怎么了？”我试探性地问道。

要是辛迪和蕾拉的心情被我那副健身行头给带轻松了的话，她们没表露出来。她们坐下，切入话题。她们过来，是要告诉我，她们怀疑Salesforce的女性员工在同样的工作岗位上，获得的报酬低于男性员工。

“我们需要明确薪资不平等的现象是否存在。”辛迪说道。

我很确定当时我的表情把自己的愤慨和震惊表露无遗。我承认，我的防御心态涌了上来。首先，我认为单就辛迪和蕾拉两位的情况而言，她们的观点就没有说服力：这些担任高级职务获取高薪报酬的女性高管，就是Salesforce致力于性别平等活生生的证据。

除此以外，我已经切切实实地花了3年时间来解决这个问题了。在2012年，我就已经惊恐万分地注意到，每次我召集会议，会议室里女性的数字经常近乎为零。我马上就发现Salesforce全部员工中，女性比例不到29%，而领导层女性只占到了14%。为了确保富有才干的女性员工能被考虑提拔到领导层，我还启动了一个我喜欢称之为“女性崛起”的

[1] 编者注：和平队是美国政府为在发展中国家推行其外交政策而组建的组织。

方案。我当时宣布说，性别平等将会被视为重要事项。而且从此以后，任何会议的参与者，从大型管理层会议到小型产品复评，至少得有30%的与会者是女性。

把平等作为一个价值观并不只是关乎公平，或者做正确的事。也不是为了公共形象，或者说“公众对公司的看法”，甚至也不只是关乎我自己的良知。这是打造一个优秀企业的关键部分，这个道理朴素而简单。有无数的研究可以证明这一点。比如说，一份由麦肯锡咨询公司进行的调研表明，那些管理团队性别多元化越高的公司，在盈利方面超过那些不够多元化的团队，前者的概率要高出21%。此外，那些高级管理层的种族和文化多元化程度排名在前四分之一的公司，在盈利方面超过那些排名更低的公司，前者的概率要高出33%。

一份由彼得森国际经济研究所开展的，涉及分布于91个国家、20 000多家上市企业的调研，得出的结论是在公司管理层里，女性出任高管职务越多的公司，与盈利增加存在相关性。实际上，由女性出任至少30%的高管职务的企业，比那些全部男性组成高管团队的企业，在净利润方面相比，要多出1个百分点。

回到2015年那会儿，我明白我们在这方面还有很长的路要走，不过我完全相信，Salesforce应该是被归在科技公司那个真正看重性别平等的一小群之中的。所以我才不相信薪资差别会普遍存在。“不可能，”我告诉她们，“肯定错了。我们可不是这么运营的。”

辛迪凝视着我，然后，用她过去说服我放弃错误立场所用的慎重语调，解释说她之所以邀请蕾拉参加这次面谈，是因为她们俩都各自发现了这个问题。“我们崛起了，我们得到了更高职位，我们被提拔了，我们也开始一起商讨问题了。”

以直截了当出名的蕾拉插了进来。“我说马克，”她说道，“和我同一级别的男性高管都在购买那么贵的特斯拉电动车了。有可能男性收入高于女性只是一个感觉，但也有可能是个丑陋的现实。”

我知道她没有暗示薪资差别是刻意而为的。薪资不平等这件事，在企业里就是一个顽固、棘手的问题，辛迪带来的研究资料表明，根据美国劳工部的信息，在2014年，一名女性全职工作所得薪资，只是一名男性同样工作所得的79%。而妇女政策研究所最近发现，从2001年到2015年，女性工作所得大致只占到男性的一半，即使算上因为照顾家庭和孩子而请假的时间。还有，我后来才知道，甚至在受过高等教育的高级管理人员中，薪资差距依然存在：来自2018年《金融时报》全球MBA项目排名的数据表明，就平均值来说，女性在未获得学位之前，比男性薪资收入低9%，而获得学位后3年内，则低14%。

这些数据绝对都是事实，我跟辛迪说，可怎么会依然发生在一家如此努力避免这个问题的公司里呢？

辛迪在椅子上放松了下来，耐心地开始解释薪资差别是如何悄悄渗透进员工之中的。在给男性和女性员工确定薪资时，无意识的偏见扮演了一个重要角色。女性员工往往会因为一个灵活的工作时间牺牲了更好的收入，通常是出于家庭方面的考虑（一个更多落在女性身上的负担）。她提醒我，不少女性员工，因为在职业生涯早期没能积极主动地谈妥一个更好的起薪，就要花数年时间来追上男性的收入。

“在薪资平等这个问题上，我们要么发挥领导角色，要么随大流，”辛迪总结说，“不过这个问题只会越变越严重，不会自己消失。”她加了一句，“我们可不是一家随大流的公司。”

辛迪和蕾拉来我家可不是为了让我不悦，她们带来了一个方案。为什么不搞一次审计，来明确男性和女性是不是同工同酬了呢？辛迪提议说。坚信数据能证明我是正确的，我立刻同意对我们当时拥有的17 000名Salesforce员工进行一次工资审查。

“我们就从上往下审吧，”我说，“一个个地审。”

一刹那间，辛迪看起来松了口气。然后我发现她脸上又闪过一丝担忧。她跟我说，在我们开始审计之前，她希望确保这次审计不是走过场。不应该发生的是，她说，“就是我们进行了审计，看到了罩子下的，看到了需要支付的高额成本，然后又盖上了罩子。”用别的话来说，她希望我能承诺根据结果采取行动，不管会付出什么代价；她想知道我是否能做出承诺，一旦发现确有薪资差别，我们会即刻终止这一差别。

“我当然同意。”我说。

“嗯，你知道这么做会让你付出多少，是吧？”

听到这句话，我承认我开始像一个上市公司的首席执行官那样思考了。万一她们是正确的呢？我心里盘算着。会不会要花费1000万美元？或者5000万美元？

“会让我付出多少？”我问道。

“我不知道。”辛迪回答说。

我一向觉得自己比大多数男性白人科技公司高管，在性别平等方面要更领先。现在，我算是有个机会可以来证明这点了。

“好的，我答应了。”我说道，“就这么办了。”

## 数据vs.大喇叭

在第2章里，我曾提到过我如何在印第安纳州公开表示反对歧视多元性别和性取向者，后来，我又在佐治亚州、北卡罗来纳州反对过类似的可憎的法案，该法案要求变性者依照自己出生时的性别使用公共卫生间。我一向都把所有跟“平等”有关的事物归为一类来处理。不过在跟辛迪和蕾拉交谈时，我开始意识到性别歧视是一个全然不同的怪物。薪资差别不是国会通过的法案造成的结果。大多数政治家在集会时煽动其支持者情绪时，也不会提到薪资平等。你无法找到一个单一的敌人来与之较量一番，你也找不到一个简单、普遍性的解决方案。

实际上，这是一个颇具危害、影响深远的问题。它静悄悄地、随时随处地显露在那些（通常是由男性们）制定决策的紧闭的会议室大门背后。这也就是说要想为性别平等战斗，就需要使用比在印第安纳州那时更有力的武器。不能简单地靠我发表观点，然后把推特当作大喇叭来放大，这场战斗需要挖掘大量数据，倾听人们的声音，提出一些令人不快的问题，以及审视无意识的行为，缺少任何一个环节，都会像用一把切黄油的小刀而不是手术刀来做脑外科手术一样。

4月底，审计还在进行之中时，我决定，为了贯彻透明度原则，给全体员工发了一封邮件。“我已经和辛迪·罗宾斯、蕾拉·塞卡以及我的领导团队其他成员一起合作，来确保Salesforce的男性和女性拥有平等的机会与薪资，”我写道，“这是一个会持续多年的项目，但是一个最终对我们公司与行业来说重要的努力。”

在那个时候，我还相信下一封我发出的全体员工邮件将会是一封胜利通告，确凿无误地宣布，Salesforce全公司的男性和女性员工同工同酬。

可惜，结果并非如此。

与此同时，我们组建了一支跨部门的团队，来进行薪资审核，还跟外部专家一起开发了一套方法，通过那些影响薪资的客观因素，比如工作职能、级别和工作地点，来对全体员工进行分析。这个审核把员工按照可对照的工作角色进行分组，然后分析这些组别的收入，来确定是不是在全公司范围内存在着未能解释的薪资差别。

当几个月后分析结果被送回来时，有一个结论是明确无误的。Salesforce的确存在薪资差别。更要命的是，这并不是几处办公室才有的特别现象。全公司上下所有分支、部门以及地理区域，都存在着明显的薪资差别。换言之，这个病毒已经遍布各个地方。

我情不自禁地低下了头。我感到失望，而且坦率地说，自责。这些问题就在我的身边，我却没能清楚地看到，甚至有些问题就是在我的鼻子底下发生的。那一天，我通知董事会，以及高管团队，说Salesforce将很快产生一些额外的费用，毕竟我要兑现我对辛迪做出的承诺。

我们发现总共有6%的员工的薪资需要调整，绝大部分是女性，也有个别男性。我们不想给任何人降薪，所以我们要往上调薪。全部算在内，给我们美国员工调整薪资花费了大约300万美元：没我担心的那么高。那不是小数目，不过考虑到这么做极为恰当且有必要性，这个金额看上去还是相对便宜的。

●◆●

那之后几个月里，我开始就薪资平等公开发表观点——从女演员帕特丽夏·阿奎特在她洛杉矶家中举办的晚餐会、在东京举办的创新峰会，到白宫。因此当辛迪再度来见我时，你应该能想象得出我的震惊，以及，实话实说，那份尴尬了。

在首次审计并且花费了300万美元的一年后，我们再次计算了一下那些数字。结果是我们必须再花300万美元，来调整那些在上一次审计后工资再度不达标的员工的工资。“怎么会这样？”我向辛迪和高管团队问道。

让我略松了口气的是，规模成长是导致这些数字的主要因素。在收购20多个公司后，我们的规模扩大了17%，结果就是，在收购过程中，我们不仅获得了他们的技术，也获得了他们的实际薪资结构和文化。结果就是，基于性别，还有种族和民族差别而薪资偏低的员工比例，从一年前的6%上升到了11%。

在意识到这个问题可能会不断发生之后，我们决定采取更严厉的措施。我们设计了一套新的工作岗位代码和标准，运用在每一个新收购的公司上，来确保从一开始，每个从事类似工作岗位的员工都能获得相似的工资。从那时开始，辛迪的团队也开始对绩效奖励、奖金、股票赠予以及职务提拔进行审查，来从根本上消除不平等状况。

把这些举措实施到位也不是一帆风顺的，不过最终它们成为Salesforce强有力的武器。2018年，我和辛迪接受了莱斯莉·斯塔尔的《60分钟》节目的采访，是关于我们在性别薪资平等方面的行动的。我希望它能鼓励其他一些首席执行官，在他们的公司里审核一下薪资状况。我们还提到就如当今商业中大多数事物一样，平等是一个移动的目标，我们很清楚自己的工作远没到可以结束的时候。

一个例子是2018年初期，我跟我们金融服务销售团队去摩根大通做的一次客户拜访。其实我大可不必跑去参加这次会议，不过我当晚正好要出席摩根大通的首席执行官杰米・戴蒙主持的晚餐会，所以我决定去蹭一下会。我和我们的团队负责人史蒂夫・莫洛斯基走着去开会的——从我们位于布莱恩特公园的Salesforce纽约大楼走到摩根大通在市中心的总部，也就是15分钟的轻松散步而已。当我们享受着从位于公园大道摩根大通高楼旁热狗摊上买的炸豆丸子时，史蒂夫跟我讲了一番他想要把Salesforce的技术引入大通消费者银行业务网络的思路。讲得非常棒，我对他的计划感觉很不错。

可当在长长的红木会议桌旁入座后，我一下子从热情洋溢转入了担忧——还有失望。Salesforce派出进行演示的销售人员，清一色男性。会议一结束，我就给史蒂夫塞了张言简意赅的便条："为什么你这里一个女销售员都没有？"然后我就去参加我的晚餐会了。

在收到我那张后来被他称为"爱心小提示"的便条后，史蒂夫立刻跟他那个正快速扩张的团队说，今后要在如何选择新成员上做出些变动了："我们招聘最优秀的人才，其中包括女性。"从那时起，我就注意到史蒂夫经常会安排女性客户经理来主导我们在大型银行和证券机构进行的销售演示。再看看那些数据，我最喜欢的工具，就会发现他那支65个销售人员组成的企业银行客户团队里，女性成员比例已经从16%增加到了37%。如今他手下的团队领导者有三分之一是女性，本来则是零。

他对他团队说的那句话，反映了我们追求平等方式的重要一点。我并不认为我们应该为了满足一个指标就招聘任何一个申请职位的女性。

我们应该多努力一些，去寻找那些我们相信最胜任某个职位的女性，并尽我们所能消除招聘过程中的无意识的偏见。

做到薪资平等并不是一个容易的过程，也不便宜：在我们第三次审查后，我们花费了870万美元来解决基于性别、种族和民族的薪资差别问题。现在已经开始产生无法估量的回报了，而且其好处在之后几年会继续积累。我们在平等上面的投入让我们在《财富》杂志“最适宜工作的公司”排行榜上位列第一，在《人物》杂志的“关怀企业”榜单也连续两年荣膺榜首。而且这一点还让我们吸引了全国最优秀最聪明的人才，尤其是我们的竞争对手没能留住的大批女性人才。比如说，史蒂夫·莫洛斯基就告诉过我当他的银行客户团队女性员工比例达到20%之际，他们招聘女性销售人员的闸门就彻底打开了。“我们好比接入了一个新的社交网络，女性人才会想要加入Salesforce。”他解释道。

以上这些都在告诉我，包容并不是一个单一模块。为平等而斗争是一系列在不同战线上进行的多场战斗，每一场都会遇到独特的挑战，需要拿出独特的解决方法。能解决某一个问题的方法可能对另一个毫无用处。要想找到正确的应对方法，公司里的每一个人都要能认清自己的盲点，并能够足够灵活，敢于尝试新的解决方法。

## 永无止尽的任务

2018年初，我留意到办公室里有些女员工，还有一些男士，都在阅读张春秀撰写的《极乐男权：拆解硅谷的男孩俱乐部》这本书。《纽约时报书评周刊》对此书评论道：“关于硅谷如何变成美化了的兄弟会，本书进行了充分调研。”这一评论让我意识到性骚扰这个问题，已经发展到超出办公室恋情和热浴派对的程度了。这是一个更大更系统问题的一个症状，尽管这个症状很严重。而那个更大更系统的问题就是：一个愿意容忍性骚扰的组织文化。

自打辛迪和蕾拉在2015年走进我的家庭办公室之后，我对企业文化是如何在大大小小的方面滋生不平等了解了很多。“无意识的偏见”是一个很大的原因，而且遗憾的是，即使你的意图是好的，也仍有可能陷入无意识的偏见。我就时不时会出这样的问题。

在2017年3月于Salesforce总部举办的一次活动中，我主持了一次介绍我们新产品路线图的会议。听众们有记者、分析专家和客户，还有上千人通过网络直播收看。我们同时也在庆祝Salesforce的18岁生日，所以我妻子琳恩也来了。

当时一共有4位发言者，都是Salesforce的高管。前3位都是男性，当我依次叫他们走上舞台时，我都跟他们握手并致谢。等第4位发言者，一位女性，上台来发表她的讲话时，我却给了她一个短促的拥抱。

演示结束后，琳恩把我拖到一旁。“你没拥抱男士，为什么要抱那个女士？”她说，“这就是矮化她，他们可都是专业人士。”

当然，她说得没错，我的确对我的女性高管区别对待了，而且直到那个时刻之前，我一直毫无察觉。

我逐渐了解到无意识的偏见会以各种方式表现出来，尤其是在那些历史上大部分时期由男性主导的行业里，比如科技领域。艾伦·库尔曼，杜邦公司前首席执行官，也是性别平等企业典范联盟的联合主席，后者是一个由位高权重的商业领导者组成的组织，目标是在2030年于工作场所实现全面的性别平等。她有一次就指出了一些相当振奋人心，不过让我有点畏缩的事情。既然男性在商务世界里占据了主要的领导者岗位，她说，那么他们在为女性主张权益并且担任她们导师这一点上，扮演了很关键的角色。“当你能创造公平的竞争环境时，”艾伦说道，“你将获得相同的结果。”

我一直以来都接受“导师制度”，所以我曾热切地鼓励辛迪试行一个针对公司高潜力女性员工的导师项目。等收到反馈后，发现她们的反应出乎我们意料。尽管女性员工感激公司的投入，但她们并不希望参加一个只针对女性的项目。这让她们觉得被单独挑出来（以一种不好的方式），好像她们是一群需要被“修理”的人。她们说得有理。这些正在升起的新星们希望参与的是一个针对高潜力员工的导师项目，且高潜力员工男女皆有。于是我们做了一些调整，如今在我们技术和销售部门都有了“男女同校”的导师项目。

这些错误教给我的，就是我对自己如何跟女性员工互动要更有意识，即使是当我试图成为有所帮助或更包容的人。因为我是一个身在男性主导企业的男性，我很容易受到很多微妙认知与期待的影响，这些认知与期待包括男性只针对女性才有的，以及一定程度上，女性投射在位高权重的男性身上的。

在这点上，我意识到我很有可能不是唯一的一个，我决定我们需要采取措施，来主动积极地解决无意识的偏见这个问题，并且向全体员工——包括最高领导层——提供所需的工具，来提升团队的包容性。所以在2016年，我们启动了一个工作坊，叫作“培育平等”，面向我们全世界各地的办事处开放，以及一个关于无意识偏见的Trailhead在线培训项目，这个项目同时向公众开放。我们还引进了具有包容性的招聘流程，旨在确保我们的候选人才库能体现我们的社区，且在招聘过程中消除无意识的偏见。

最后，在提升平等上，领导者们能做的最重要一步，就是打开自己的内心，诚实地审视自我，倾听他人，而且永远不能太自傲或者太自我防备而不愿纠正自己。这里有3个错误需要避免发生。第一，绝不要告诉自己你全知全觉。第二，绝不要拒绝去寻找真相。第三，绝不要下结论说（哪怕你已经相当努力了）一切都已大功告成。

关于平等，我还学到了点别的东西。你获取进步的能力，总是跟你是否肯开口向他人求助的意愿紧密相连。

## 牧羊人生不出小羊羔

2016年7月5日，在路易斯安那州巴吞鲁日，奥尔顿·斯特林，一名37岁手无寸铁的黑人，被两名白人警察近距离射杀。第二天，在明尼苏达州法尔考高地，32岁的菲兰多·卡斯蒂尔被叫停在路边后，当着他女友和4岁女儿的面，被一名白人警察射杀。不幸的是，这两起惨剧，皆非无辜黑人首次命丧白人警察之手，而且也不会是最后一次。这两起先后相隔不超过48小时发生的罪行（其中一起当事警官被宣布无罪，另一起则从未被起诉），以及由此引发的广泛愤慨、和平示威，以及暴力抗议，将美国社会中的种族不公问题置于人们首要关注之中。

那一周后期，我们总部的大堂显示屏幕上，以展示马丁·路德·金博士的两句名言的方式，分享了一条和平的信息。我们发出一封邮件，提醒员工公司有支持服务。我很高兴我们采取了这些行动，不过我清楚这些还远远不够。

7月9日，“黑人的命也是命”运动积极分子德瑞·麦克凯森在巴吞鲁日参加一次抗议活动时被捕，他被捕时双膝跪地的照片在社交媒体上被广泛传播。他当时身穿一件T恤衫，正面印着“#StayWoke”[1]，以及一个黑色的推特的小鸟图标。我一直都很佩服推特的非裔美籍员工的员工资源小组[2]，他们称其为“黑鸟群”（相当于我们公司的“Boldforce”）。所以第二天我就发了一条推文。“对，这就是@推特@黑鸟群的标志，”我写道，“很高兴能看到科技作为社会变革的工具。尊重。”

只过了15秒钟我就发现自己犯了一个天大的错误。回复倾泻而至，指责我伪善，甚至还有更恶劣的。大致的观点就是说像我这样，一个在雇用黑人员工方面记录糟糕的行业里任职的首席执行官，没有资格投身于这场反对种族主义的运动中。还有我那条兜售科技作为社会变革的工具的评论，很多人正确地指出，在那个时刻是对现状彻底无知的表现。

一条颇令人受到打击的评论只列出了3个数据：

脸书公司2%的员工是黑人

推特公司2%的员工是黑人

Salesforce公司2%的员工是黑人

这些批评完全正确，黑人员工的确只占到我们美国员工总数的2%，比占到4%的西班牙裔或者拉丁裔还要低。这完全无法代表我们所居住和工作的社区群体的实际比例。

“要是在别的领域里，有人看到了一张黑人因为参与反对另一个黑人被无辜杀害的抗议示威而被拘捕的照片，反应是‘嘿，看那个推特标志’

---

❶ 编者注：意思是要大家保持清醒、睁大眼睛看看社会上的不公不义。

❷ 编者注：员工资源小组是基于共同特征或生活经历在工作场所聚集在一起的员工组。员工资源小组一般是提供支持、促进职业发展并为工作环境中的个人发展做出贡献。

的话，会令人难以置信。可是在科技行业，这是意料之中的事。”时任Slack[1]的高级工程师、Project Include[2]的创始成员的艾瑞卡·乔伊·贝克对《卫报》如此说道。

这个经历真的是毁灭性的。我差不多向每一个评论这条推文的人一一亲自道歉，不过我还是很担忧。我怎么能认为发那条推特是对种族平等表示支持的合理方式呢？哪怕是一秒钟都不应当这样认为。我犯的错误就是在我本应该聚焦于解决自己公司的问题时，却拿起了一个大喇叭声称拥护一个原则。

在那个令人感到羞辱的时刻，我知道这是一个迹象，清楚地表明在Salesforce的种族平等和包容性方面，我们需要做出剧烈的变革。可我对从何处开始毫无概念。于是我转而求助于莫莉·福特，我们公共关系团队里一位直率和值得信任的成员。“你身为一个黑人女性，在Salesforce工作的体验是什么样的？”我问她。

她告诉我说感觉很孤独。有色人种同事很少，可以拿来当作榜样的有色人种领导者就更少了。她还说她不相信Salesforce已经付出了足够的努力，来帮助大家了解那些未被充分代表的少数族裔的挣扎。

莫莉跟我引用了一句古话：“牧羊人生不出小羊羔，只有羊才能做到。”意思是要是我们真心想成为一个欢迎所有人的公司，我们必须给各个员工层级带来更多种族多元化，我们还要给那些未被充分代表的员工一个更好的途径，让他们提出那些对自己有巨大影响的问题。我们必须重新照照镜子自省。要做到这点，我需要获得帮助。我请莫莉从她的日

[1] 编者注：一家企业办公沟通软件提供商。
[2] 编者注：一家致力于为每个人提供公平机会从而在科技行业获得成功的非营利组织。

常工作中抽身一天，帮助我处理这个问题，她答应了。

在Salesforce高管团队于夏威夷召开的年中会议上，我们举行了一次企业文化方面的研讨会。一个经理问公司对实现多元化这件事，到底有多认真。这一次，我没等别人先开口。“平等将会是我们前行道路中的重中之重，”我斩钉截铁地说，“平等现在是我们的核心价值观。”

不管什么事物，只要是支持平等的，我就会全力以赴。这就意味着要加速我们在性别平等、多元性别和性取向平等、种族平等和薪资平等上的举措。考虑到前面有很长的路要走，我决定该是时候招募一个人来领导公司内关于平等方面的全部行动了。我想起了我的朋友托尼·普罗菲特，当他在湾区的惠普公司担任高级管理人员时，我就认识他了。后来他跳槽到了微软，担任市场总监，就是在那里他发起了微软的“黑色光芒”项目，这是该公司赋能黑人员工的一个平台。

因为对他在平等方面的工作印象深刻，再加上他的技术背景，我们请他担任“首席平等官”这一Salesforce的新职务。让托尼能直接向我汇报，并且保证他的部门能获取全部所需资源和支持，来维护公司内以及我们的利益相关者之间的平等，是相当重要的。

在最近几年里，我们跟一些人力发展和教育机构确立了合作伙伴关系，比如College Track，致力于帮助社会服务水平不足社群中的学生从大学毕业。我们还跟大学校园组织和非营利组织建立了合作关系，如“明日领导者”（Management Leadership for Tomorrow），该组织向非裔美国人、拉丁裔美国人和美国原住民提供能帮助他们在职场获取成功的技能、培训和人脉网络。

我们还致力于帮助消除机会鸿沟，为那些通往成功路上有障碍的年轻人，提供一条获得有意义的工作的路径，主要通过给社会服务水平不足的当地学校提供财力和人力上的资助，以及跟一些机构，比如Code.org，CoderDojo，Hidden Genius Project，以及Mission Bit合作，扩展校内接触和参与计算机科学的机会。我们跟PepUp Tech，一家由Salesforce的开拓者们组建的非营利组织，为社会服务水平不足社区的学生提供在科技公司开始职业生涯所需的机会、技能和辅导。我们还跟Year Up这样的组织建立了合作。Year Up主要是给年轻人提供热门岗位职业技能、工作经验和支持。我们在2014年启动的Futureforce全球招募计划，聚焦于吸引多元化的大学毕业生、城市青年，还有退伍军人及其配偶加入Salesforce。就在刚过去的一年里，Futureforce在美国新招募人员中，有43%是女性或者少数族裔。

在Salesforce，关于平等，我们的终极使命听起来看似简单：让我们遍布全世界的办公室员工跟他们所服务的更大的人群相似。不过，我没有只把这个使命交给我们的人力资源部门。平等事务办公室会给公司每一个高管提供一份月度记录，其中包括他们招募、辞退或者流失的员工，以及其中有多少女性，以及少数族裔。

就如我说过的那样，数据就在那里，并不会撒谎。我们一直依靠数据，而且每一年我们都会关注那些新的领域，来发现多元化不足的领域，发现并且消除薪资差别，发现围绕招聘、提拔、留存人才的问题。数据的结果指示我们向前的战略。

我发布的那条关于“黑鸟群”的推文太漠视公众的感受了，所以我把它删掉了。不过反过来说，我对由此产生的公众强烈的反响心存感激。这个事件提醒了我，领导者做到言行一致，是多么重要。你可以尽情地发展示你同理心的声明，但如果你没有搞清楚该如何向有色人种打开大门，并为他们营建一个欢迎的环境，你永远无法创造持久的改变。我们还有不少路要走，不过我很清楚我们绝不会停止让我们的文化更富同情心、创造力和多元化的努力。

●◆●

在2018年世界经济论坛上，我的联席首席执行官基斯·布洛克与宝洁公司北美分部的总裁卡罗琳·塔斯塔德会面了。卡罗琳极力主张商务女性的权利。如果说在这个领域有开拓者的话，卡罗琳就是其中一个。所以基斯在会议之后，通过宝洁公司在达沃斯举办的特别展览，对导致女性在工作中发展受阻的那些问题，有了更好的理解。作为回报，基斯邀请她来参观在旧金山的Salesforce总部。

卡罗琳当时的主要聚焦点，是想要让这个消费品巨头价值300亿美元的北美业务重新开始获得收入增长，而且自然而然地，我们也希望能帮助她实现这个目标。基斯找来Salesforce的艾瑞克·艾肯一斯鲁伊特思，我们负责零售和包装消费品业务的高管，制定出来一个能帮助宝洁完成更多销售额的创新方案，只需要通过其现有销售渠道——从沃尔玛连锁超市到居住区的便利店的全部渠道。不过，就在要跟卡罗琳举行关键会议的前一晚，基斯和艾瑞克及其团队开会时，发现了一个严重的问题。

整个销售团队里，再次没有一个女性员工。

“艾瑞克，真的吗？”基斯记得当时是这么问的。然后艾瑞克就说了那个不幸的消息，他的团队已经安排好了参加会议的那个女员工，没赶上飞往旧金山的航班。

在宝洁和Salesforce两边的高管在第二天即将会面之前，基斯请我们市场营销的负责人，克里斯蒂娜·琼斯，来参加这次会议。他的目标并不是把销售团队的性别比例做个表面的调整，而是要让一个聪明智慧、经验丰富的女性加入进来，给这场与宝洁总裁进行的会议增加价值。

艾瑞克就我们能如何利用数据来改善店内零售进行了很有说服力的演说。不过基斯明白光说这些实际的事务是不能拿下卡罗琳这笔生意的。我们还需要表明我们公司的行为与我们的价值观是一致的。他开始跟她讲述Salesforce基于价值观的文化，然后请克里斯蒂娜介绍Salesforce的开拓者社群是怎么样的，以及我们在公司内部将平等放在首位所做出的努力。等演示结束时，屋内所有人都很清楚，这段讨论给卡罗琳留下了很深的印象。“她对我们品牌的评价更高了。”艾瑞克后来告诉我。

没多久，宝洁公司就跟我们就主要数据分析项目达成了合作。再一次，这是主要靠我们4个核心价值观的力量获得的一笔宝贵业务。

●◆●

在第一部分里，我描述了那些迫使我后退一步，对我的公司和我们更宽广的未来进行更深入思考的事件。在发生重大事件的那几年里，我面临了一系列出乎我意料的挑战。应对这些挑战让我学到了一些功课，它们颠覆了很多我曾经认为为什么Salesforce是一家成功的企业，以及我应该如何领导它的想法。首先，我们打造的文化，以及支撑它们的核心价值观，对我们在过去20年取得的成功并不只是发挥辅助作用。实际上，它们就是掩藏在引擎盖下威力强劲的马达，驱动着所有一切。而当我打开这个引擎盖后，就能看到我们的四个核心价值观不仅以它们各自的方式在创造价值，而且还紧密联系。它们一起合作创造出来的，正是让我们的飞轮不停转动的动力。

比如，要建立信任，就需要创立一个总是把客户放在第一位的文化，以及做出改善这个世界状况而不只是提升净利润的选择。建立信任，需要招聘那些真正关心他们的同事、客户和更广泛社群的人，而实现这一目标的最佳方式是让你的团队多元、包容、平等。不管是维护公司内部员工的权利，还是居住在这座星球上的人们的权利，这是你需要的一个基础。

我们也知道，公司要想吸引并留住女性和少数族裔，平等就不能仅仅作为价值观，而是要深入到我们的行动中：在我们的招聘实践中，在我们留存人才的实践中，在我们提拔员工、最终让员工走上领导岗位的方式中。简单点说，人们愿意在那些他们觉得可以信任自己雇主的公司工作：会给他们创造一个安全工作的环境，支付他们公平的报酬，而且给他们和其他人一样的机会来获取进步，无论什么性别、种族、肤色，或者任何其他标准。要是这些并不是你这家公司的首要考虑，那为什么女性——或者任何人——想要去那里工作呢?

底线是打造一个多元化的工作团队，有助于企业获得成功。在这个飞速变化的数字时代，要想取得成功，就需要有一个能支持不断创新的生态系统，而这就需要“多元化”。当你公司的员工看上去和思考问题都一样时，你能想象去试图推进创新和变革吗？那无法产生创新解决方案，而这是我们帮助客户获得成功所需要的。

无论你是经营一家公司，领导一个小团队，还是还没有担任管理或是领导岗位但渴望成为管理者或领导者，要想获得成功，需要你拓宽你看世界的眼界，同时又要聚焦在你所在的组织。你即将进入的前沿地区并没有地图可以查看。你必须寻找那些能帮助你的人，帮你在这个陌生的地带，开拓出一条道路来。

价值观的特性是这样的：你必须要用语言文字来确定它们，可除非它们转化成了相应一致的行为，否则它们也无法产生价值。把价值观作为你的文化的基石，远比选择性地、时有时无地，或者临时抱佛脚式地拿它们来应付危机，要更明智，更具有可持续性。

这听起来可能有点像一个雷区，不过我坚定地相信在未来，平等将成为释放一家公司完整且可持续的价值的关键。这并不是说它很容易就能做到。不过那些没有去尝试的公司，必定将走在历史错误的一边。

PART II 第二部分

# 企业是改变世界的最伟大平台

## Business Is the Greatest Platform for Change

# Shared Knowledge
# 共享的知识

每当我在公共场合探险时（还相当频繁），我很少觉得自己是Salesforce的首席执行官。说实话，我更觉得自己是一个首席回答官（Chief Answerer of Questions）。

当公众知道你想要打造一个完全不同的公司时——就我们而言，就是一家兼顾经营有方和经营向善的企业——大家必然会好奇。他们想知道你是如何运营的，什么让你晚上睡不着，以及一切都进行得怎么样。在一些聚会、会议、慈善活动，甚至是在金州勇士队比赛的中场休息期间（比如我就遇到过），你都可能会被人追问这些问题。

在近20年的时间里，这些问题的本质发生了极大的改变。有些人向我们提问，是仰慕我们的商业模式，希望能效仿。有些问题来自那些无法掩饰他们怀疑的人，而且他们明显是想找出我们的弱点。当Salesforce越来越受欢迎，且获得更多公众的注意时，我们会被问到很实际的问题，比如我们如何创新，招募人才，或者决定支持哪家慈善机构。不过，最近有一个很特定的问题，从一堆其他问题里逐渐显露出来了。

“跟我说说你们的文化。”

“文化”这个词，已经成为企业词典里最热门的一个术语了，不光是美国，而是全世界都如此。不过我认为人们使用这个词时常常是有问题的。有些企业领导者似乎认为文化就是一本高光纸印刷的宣传册，宣传册封面的照片是一组精心挑选、面带微笑的人聚集在装备精良的办公室。其他一些领导者则貌似以为通过提供美味餐饮，以及摆上乒乓球桌，就是建立起了一个企业文化了。

事实则是，比起公司的额外待遇和免费赠品，文化的内涵要多得多。文化，从其核心来说，就是你如何定义和表达你的价值观。

人们越来越希望在一家和他们有着共同价值观的公司工作。千禧一代的员工现在占我们公司员工人数的一半以上，他们正在教导我们他们关于未来的工作的看法。更年轻的一代的员工希望他们的工作拥有更高的目标，希望确保他们的公司在致力于改善这个世界。如果企业领导者现在就觉得难以满足员工的需求，当他们等到下一代员工进入公司时，他们会发现新一代员工由使命驱动的程度高两倍到三倍。

当公司满足员工的需求，他们会意识到这个文化需是真实的。再也不存在一套通用、现成的原则可以拿来打造一个文化。每家公司都需要具有自己独特的文化，就像人的指纹一样。

从一开始，我们的文化图腾就基本到令人惊讶，主要就是致力于参与公司之外的世界。我们的员工想要帮助社群；他们想要一个平衡的生活；他们想要帮助他人成长；而且他们想要让我们的客户和公司成功。

不过，从我们当年开创性地决心打造一个在云端运行的软件企业，到2018年支持针对旧金山日益紧迫的无家可归者问题的公投，我们常常发现自己站在孤岛上。

有些人并不认同我们。他们认为我们只是在做姿态，试图让大家关注我们。另外有些人则认为要不是我们刚刚发布创纪录的季度营收，我们才不会这么大胆。不过在公司内部，那些质疑观点完全没有影响到我们如何思考。

要想把规模做大而且能保持相当长一段时间，你不需要一套奇异的价值观，你需要的只是好的价值观，并且不能伪造你的价值观。如果一个文化是假的、模仿的、缺乏热情的，甚至是误导的，最终会让你翻船。一个真实、建立在信任、经营向善基础上的文化已绰绰有余，但只有当它胜过企业传统的驱动因素（如收入、增长和利润）时，才如此。

当我们刚创办Salesforce的时候，很少有企业如此重视文化。我们不仅搭上了早班车，还花费了20年时间，经历了一系列反复试验的过程。

在第一部分，我向你展示了这一路有多么艰难、曲折但也令人满足，不过我也尝试着让你一瞥可能早先只存在于你想象中的文化，是怎么演变成富有生命、活灵活现、不断演化的有机体的。还有，身为领导者，一切都取决于你是否跟随它一起演化。

选择价值观是一个轻松的过程，把它们付诸实施则需要超凡的专注和坚定。

管理大师彼得·德鲁克曾经提出一条简单的法则，让我始终难以忘怀："文化会把战略当早饭吃掉。"根据我在Salesforce的经验，文化会吃掉所有东西。

所有我们采取的商业战术，每一条我们写下的代码，每一场我们设计的市场营销活动，都是过眼云烟。这些随时都可能被抛弃替换掉，因为我们周围的世界是变化的。是我们的文化能跟随变革的步伐进化，能独自地生存与呼吸，既令人熟悉又充满动力，在真正地推动我们前行。对那些希望能在未来繁荣发展的企业来说，文化——以及定义文化的价值观——是推动财务成功的动力之源。

如今的世界随处可见颇具挑战性的经济、社会和政治问题，以至于没有公司能够回避这些问题并继续如常经营。你的规模越大，你影响到的人越多，单纯让你的产品来定义你就越难。随着时间的推移，你的员工和客户，更别说还有投资人、合作伙伴、所处的社群和其他利益相关者，会希望知道你经营企业的理念。他们想知道你是否拥有灵魂。

我们遇到过我们的两个或三个价值观公然发生冲突的时刻，不过我们在慢慢习惯。这类令人不舒服的时刻总会出现，不可避免。要是你的文化足够强大，你就能安然脱身。实际上，它们甚至可能会让你更强大。对我们来说，这些情况常常最后出人意料地消除我们的疑虑。它们提醒着我们究竟是谁。

在过去的商业世界中，专有知识是一个武器。分享你最深的见解可能是不利的，因为它可能会让你的竞争对手更强。首席执行官在面对窥探性问题的时候，常常模糊作答。我想我也可以将这些经验教训都保密，但我从来不会这样做。我无法想象，在一个以信任与透明为原则运营的环境，如何可以同时向外部世界筑起一道隔音墙。

如果Salesforce教给了我什么，那就是创造一个社群的力量。通过向任何人张开双臂，分享我们的价值观，这个社群会自我增长。我们公司的每一个人相信，他们有更大的责任，他们能发出自己的声音，他们也拥有工具，成为一个开拓者。

换句话说，知识并不是真正有力量，直到它被共享。

因此，作为Salesforce的首席回答官，我将回答你的问题。我将告诉你我认为未来企业是什么样的，并且给你一些规范性建议，让你可以打造自己的企业。这就是第二部分的宗旨：我想带你经历一段旅途，看看我们的开拓性文化是从何从内到外运作的。

# 7

# Ohana

## 重新定义公司文化

我一直都是一个具有颠覆性和企业家思维的人；我坚信我天生就是如此。实际上那种想创办一个公司，制造出优秀产品，转化成利润，增长与创新的本能，存在于数以百万计的人们心里。这完全是很自然的人类的努力。所以存在一个问题：当说到定义一个文化时，这些企业家式的冲动可能是糟糕的指南。并且它们在很大程度上依靠外部力量，比如经济、竞争以及人才库，这些都不是你能完全控制的。要是你把这些因素当作指南，你将犯错，就像我早期时一样。

你真正需要的指南，是一套关于你为何以及如何想要打造你心目中的公司的基本原则。毕竟，一家公司根本上是由人而不是物品，基于共同的使命而组建起来的。你如何去完成那个使命，就是你所创建的文化的直接副产品。

多弗·塞德曼，这位在商业和道德领域里我所知道的最智慧的人物之一，同时也是《HOW时代：方式决定一切》一书的作者，说到文化就是那种“人在组织中相互关联、统筹努力、自我管理的独特方式产生出的”东西。

显然，他说得没错。一家公司的文化并不只是关于其工资表上的员工，或者它的客户。文化的影响范围必须包括每一个它触及的个人，甚至是与公司无关的人，包括那些可能相隔甚远、你最初的计划里不涉及接触的人。归根结底，定义公司的文化，不是仅围绕你的员工和客户画一个信任圈，而是要把这个圈子尽可能地扩大。

以下是几个例子：在印第安纳州立法机构通过那部歧视性法案之前，我从没料到会处在一个需要我们在社会问题上表明立场的情况下。直到我们对薪资进行审计之前，我也没想到薪资不平等会是一个我们需要去解决的问题。还有要不是2018年，有一些员工抱怨到海关和边境保护局正在使用我们的软件，而当时联邦机构正在美国—墨西哥边境上让移民的孩子和家人分离，我们也不会意识到我们经营向善的承诺必须延伸到审视我们的产品被如何使用。在这每一个事例里，我们的价值观都告诉我们应该走向何方。

我刚刚提到的这些，可能会让你认为，文化只是一个可以用来处理复杂问题的工具。可它并非如此简单。价值观可不像一个算法，可以通过编程告诉你该采用策略A或者B来解决问题C。它们需要你投入更仔细的关注，以及更主动的维护。

所以要说到我们的文化的“秘密”，就是我们践行价值观的方式创造了一种真正的归属感。通过一起努力打造一家了不起的公司，以及一起聚焦于回馈我们的社群，随着时间我们建立起的纽带越来越有力。而且，我们有两个最重要的基石，那就是共同致力于志愿服务与回馈，以及共同的使命——服务我们的客户。

这种共同的目标和意义感，就是为什么Salesforce的文化里体现了夏威夷语“Ohana”的概念。这个词的意思是“家庭”，不过它也可表示大家庭，包括无血缘关系的成员。我在还是一个孩子时首次知道Ohana，当时我们一家去夏威夷度假。那是一个常常让我感到快乐与平静的地方。成年之后，Ohana对于我来说意味着基于人们相互间的责任感以及共有的价值观而结合在一起的任何群体。这就是我从最开始就希望Salesforce具有的文化——一个对所有人都包容，而且能成为我们任何行为的基础的文化。

●◆●

就像一个天天长大的孩子，随着公司越来越大，成立时间越来越久，文化也需要持续得到培育。我把这个作为我在Salesforce最重要的一项工作来对待。

在我们存在至今20年间，我们的文化以我未曾预料到的方式逐步演变。在我们从一个初创公司成长为《财富》500强企业的过程中，我们采用了无数的新的实践，兼具微妙与显著的方式，让我们的文化富有生机与活力。我们必须每天都留心培育我们的文化，尤其是我们增长得如此快。我相信保护和培育我们文化的警觉，正是使我们得以名列《财富》杂志“100家最适宜工作的公司”榜单连续长达11年之久，以及在世界各地不断被评为最适宜工作的公司的一个关键原因。

这倒不是说我们没有成长的痛苦——每个家庭都会有摩擦的时刻，这些摩擦会导致痛苦、激烈的争论，就像我们有时候在Salesforce也会遇到。不过我总是说信任需要放在第一位，而且对我们很多人来说，最信任的人莫过于家庭成员了。当然，我们也都对家人感到失望过，而且我也明白不是每一个家庭都是我们打造文化的完美榜样。不过这是我能想到的最接近的类比了。

有些首席执行官把像对待家人般对待员工这个做法，看成是跟追求成功背道而驰的。比如说网飞的首席执行官里德·黑斯廷斯，众所周知他对其公司文化和管理理念的说法是“一支队伍，而不是一个家庭”。实际上，网飞那份已被查阅数百万次、被其他高管引用的PPT文件，就把该公司比作一支职业运动队，每个岗位都有“星级”要求——而且明明白白地说那些没能做到“星级”表现要求的员工，在公司是毫无前途的。

希望明星队员在每个职位都有高水平表现，对于不能帮助团队夺冠的队员，对其进行交易或让他走，我能理解这么做的逻辑。不过，我采取不同的方式，跟我钟爱的金州勇士队史蒂夫·科尔教练所打造的文化更像一些。即使他掌管整支球队，他也相信队伍里有善良的人比只是有优秀的篮球运动员更重要；他明白运动员来了又走，但球场上的精神则是可以从一场比赛和一个赛季传递下去的。最优秀的球队打起比赛来像一家人一样，总是信任对方会给自己提供支持。

必须承认，Ohana里有一些灵性元素。在公司去夏威夷科纳团建时，偶尔会看到我们高管团队一起站在温暖的海浪中，双脚没入温热的沙砾中，手拉着手进行一个传统的祝福仪式，之后，他们就开始为期3天的对公司的审视。对我们来说，Ohana远不止是仪式与礼仪。Ohana意味着将我们4万名员工、近15万客户，以及数百万生活受到我们影响的人，视为我们最亲密的家属一样对待。

但是，这个文化并不只存在于我们的办公室里。无论我身在何处，我都想能感受到。我想要在走在各办公室时，当我跟客户会面时，甚至当我身处千万里之外跟其他首席执行官交谈时，都能感受到。

比如说，我最近刚刚跟国内最大的私人控股公司，总部位于明尼阿波利斯的嘉吉公司的首席执行官戴维·麦克伦南会过面。当我们走出他的办公室时，我们惊讶地看到十几个人穿着“开拓者”字样的T恤衫和连帽卫衣，聚集在过道里，等着找我们来合影。

“这些都是你的员工？”戴维问我。

“不，他们都是你的员工，”我跟他说，“不过他们都在使用Salesforce的技术，所以他们就都成为我们大家庭的一部分。”他们都是Salesforce的开拓者——先锋队，创新者，以及终身的学习者，激励着我们，也代表了我们的Ohana。

Ohana也成为我们精神气质的一个表达，尤其是当我们邀请越来越多的新人加入我们已经相当大的家庭时。我们在过去两年新添了1.8万名新员工，暂时也没有停止招聘的计划。所以我们要十分努力，确保将文化注入我们所有行为之中。它必须是我们在考虑表明对社会问题的立场时的指南。它必须是我们如何对新产品进行头脑风暴的一部分。而且它必须能告诉我们每一天的工作该如何开展，包括如何带领新员工入职，设计我们新的工作空间，以及我们对回馈社群、健康、保持正念和幸福感这些方面的重视。

## 欢迎加入大家庭

入职第一天，我们会欢迎新员工加入我们这个大家庭。

入职第一天的员工会收到一枚Salesforce的徽章、一个背包和一台电脑，然后整个上午参加入职培训。我们会介绍我们是什么样的群体，我们从事怎样的事业，以及登录公司系统的步骤。我们会谈论我们的价值观和志愿者精神，公司会给每个员工每年7天的带薪假，去按照他们自己的选择，志愿参加一个非营利组织的活动。到了下午，我们会把他们送去参加社区服务，让他们看到我们对此是认真的。我们这么做，是为了帮助他们跟新的同事一起建立一段值得回忆的经历，同时告诉员工，我们的价值观并不只是抽象的、有抱负的概念，或者更差一点，只是公司幻灯片或者牌匾上的一些字眼。我们希望他们能明白我们的价值观是活生生的价值观，而回馈社会则是我们文化的核心。

一个月以后，新员工会参加一个为期一天的“融入Salesforce”训练营，来更多地了解我们的文化，高管会跟大家分享在公司工作的经历，在我们这个快节奏的环境里如何发展成长的建议，以及我们的产品的总览。我们有一个营区场地，大家可以在那里熟悉不同的员工资源小组、职业道德培训，当然还有Salesforce的纪念品，比如T恤衫和贴纸。

不过，同样重要的是让我们现有员工欢迎新同事加入Ohana之中。就像一个家庭准备迎接一个新成员一样，Salesforce有一整套体系，来确保新员工即使还没踏进公司大门，也能感受到在自己家里一样。公司会给每个新员工安排一名“开路向导”，在他加入Salesforce的头90天里，提供指导、支持和培训。在入职头几周内，我们还会组织每个新员工和他们的同事进行午餐会和团队会谈。事实上，经理会在入职培训当天，带上新员工，到公司外来一次特别午餐会。我们发现，如果第一天就能对这些纽带进行巩固，它们很快就能变得更强有力。

## 员工健康项目

在甲骨文，在我开始公休假之前，我经历过一次严重的职业倦怠，让我切身感受到，我们大家庭的健康和幸福必须是需要优先考虑的事项。我也明白我们员工和他们的家庭在更健康地生活这一点上感受到支持，是符合所有人的利益的。当人们健康时，他们会更投入，工作更有效率，也更欢乐，并且更愿意留在公司工作。而且他们会对我们的客户，以及其他员工表示出更多的尊重、关怀和感恩。

当然，跟大部分公司一样，我们也会补贴健身俱乐部会员费，提供冥想以及瑜伽课程。不过，就像那些没怎么使用过这些福利的人知道的那样，仅仅提供这些活动课程，并不一定意味着它们能有什么影响。所以，就像我们用数据来分析我们支付员工薪资的情况一样，我们用数据来决定应该提供哪些健康项目，并评估它们的效果。我们的人力资源团队会定期了解员工的健康诉求，寻找任何可能已经出现的问题。

当我们的员工人数跨过25 000这个关口时，我们发现在行为健康方面的问题表现出显著上涨，通常跟压力有关，比如抑郁、药物滥用和焦虑。根据从医疗赔付申请获得的数据，当然都是匿名后汇总了的数据，我们发现这些诊断比其他健康问题，比如癌症和心脏疾病，要上涨得更快。毕竟，我们正在一个飞速成长、高度竞争的市场和行业里飞速增长——不断增长的压力和相关的行为，就是出现在我们这个大家庭里部分成员身上的副产品。

数据表明我们必须采取行动了。我们的人力资源高管裘迪・考纳和斯坦・邓莱普咨询了加州大学旧金山分校医疗中心的精神病学教授金·彼得·诺曼博士，找到了四个关键的举措，来解决不断增长的压力和焦虑问题。第一个，“滋养”，提供信息来帮助员工建立健康饮食的目标。第二个，“再生”，主要是给自己的身体和精神充足能量，通过优质睡眠、休假和断网。第三个，“运动”，聚焦在保持一个健康体魄的体育锻炼和活动。第四个，“成长”，提供工具，来改善心理健康，管理压力，以及培养复原力。复原力是帮助人们在面对人生冲击后复原的能力。

这四个举措，成为我们员工健康项目Camp B-Well的基础，我们的行政主厨比尔·柯贝特录制了如何做出健康、营养饮食的指导短视频，让任何员工都能在线收看或者下载，我们还请到了伯克利的知名厨师和食物活动家艾丽丝·沃特斯，来介绍食用本地作物和有机作物的有益之处。我们也邀请到了著名的睡眠研究专家马修·沃克，进行了一场关于睡眠是如何改善健康、学习和工作表现的讨论会。

我们还请所有员工，在各自的“成功五问”规划，也就是我们在Salesforce采用的目标设定流程里（第9章会提到更多），加入一个健康指标。我们鼓励员工在他们的Chatter个人资料里公布自己的目标——以及他们的进展——来从Ohana获得支持。对我来说能看到我们的Ohana里，有那么多员工已经承诺优先考虑自己的健康，着实让我欢欣鼓舞。

## 每个楼层都要给正念留地方

我总是会寻求各方面专家的建议，来帮助我成为更优秀的领导者，以及我们文化的更好的传播者。所以我会去找科林·鲍威尔来帮助我把慈善事业整合进企业之中，找MC·汉默来帮我们学会他的“街头宣传队”模式[1]，来打造一个Salesforce口碑传播者基地。所以自然而然地，当我想要把正念的训练逐步融入到Salesforce文化里的时候，我就去找了越南禅宗大师一行禅师。我已经在他的指导下进行了一段长期的冥想练习了，起因是一段巧合，这位受人尊敬的灵性大师遭遇了一场严重的中风后，正是在我家住了6个月得以恢复的，同时一起在我家陪伴他的，还有30名来自法国梅村的僧侣。

一天，我邀请这些僧侣到Salesforce的办公室。也许有点太天真了，我本以为他们会喜欢我们所做的工作。可当他们告诉我他们根本不喜欢看到的这一切的时候，着实让我惊讶不已。我问为什么，他们不太认可地说道，每个人都在不停地说话和不停地工作。“我们在这里就是干这个的，”我说，“我们是来工作的。”

我的解释并没有化解他们的不认可，不过他们提出可以帮助我将正念介绍给我的员工。其中有一个僧侣答应来带领一次7个小时的冥想课程。当这个活动以创纪录的速度“一售而空”时，这给了我——以及僧侣们——足够的证据，表明大家都想要更多这样的机会。很清楚，搞一场7个小时的冥想课程，并不能改变些什么。我们需要把冥想更彻底地整合进我们日常的文化之中。

那段时间，为了与我们的增长速度相匹配，我们在不动产方面投入比较多，在旧金山总部增加了新的办公室，在纽约和印第安纳波利斯则买了全新的办公楼。我问这些僧侣，我应该做些什么，才能把这些不动产变成对我们员工而言，更优质、更富有正念的场所。

“你应该把某一层楼设置成全部无声楼层。”他们说。

[1] 译者注：指让社群里每一个体都成为口碑宣传者。

显然他们不明白在这些城市里，商务不动产的每一平方英尺单价有多贵。我不得不跟他们讨价还价。

“在每层楼都设置一个正念区的话，怎么样？”我反问道。

他们认可了。从此，在世界上任何一处办公室，我们都已经或者即将会在每一层楼开设一小间正念室，一个让员工在任何一刻觉得需要暂停一切时，可以置身其中的一个宁静区域。

我明白这听起来非常“加利福尼亚”，可这并不只是一些关于新世纪的思想。正念在世界各地都受到重视，其践行者也在不断收获成果：不仅是体现在健康上，同时也体现在注意力、聚焦力以及由此导致的工作表现上。如同《纽约时报》曾经报道过的，一项“让正念冥想拥有完全科学根据”的新研究表明，“跟安慰剂不一样的是，它能改变普通人的大脑，并且可能改善他们的健康”。而且在蒂姆·菲利斯的那本书《巨人的工具》中，访谈的200多名功成名就的演员、企业高管和领袖人物中，他发现超过80%的人都做过正念或者冥想训练——而其原因，你们将在第9章“初心”里读到更多内容。

## 基于心理安全的领导

去年，在我们的领导力开发项目中，我们请来了布琳·布朗，一位休斯顿大学的研究教授，也写过多本畅销书——最近一本是《敢于领导》，是关于打造一个结合勇气、脆弱性、共情和联结的领导力文化的——和我们50位高管一起研讨。半天的讨论非常坦诚，有时会让人不舒服，涉及什么样的行为支持我们的价值观，以及什么样的行为会威胁并破坏它们。其中讨论的一个问题是不敢直言不讳，害怕说出坏消息。

当这种恐惧渗透到一个公司的文化中时，结果将会是灾难性的，它会侵蚀支撑这个文化的信任基石。一家公司或者一个团队想要发展壮大，你就需要多元化的声音和敢于展示真实的自我，并且愿意说出不加修饰的真相的人们。

实际上，研究表明，打造一个具有心理安全感的文化——一个人们相互信任且不害怕讲出自己想法的文化——让人们能够更有智慧地冒险，更好地解决问题。

考虑到创新生态系统在Salesforce的高度重要性，这一点是重大的优先事项。这也是为什么我们的员工成功（人力资源）团队一直在与这个领域全球知名的领导者和专家合作，就如何确保我们践行自己所宣扬的，寻求建议。诸如容忍、正直和诚实这些特质，不能只是口头的时髦字眼，公司里每一个人都要能感受到践行它们是安全的。

这就是为什么在管理层会议中，我们很重视会议桌旁每一个人——即使是级别最低的——都能敢于表达自己的观点。这也是为什么我们委托进行了一个研究，来了解一个能带来心理安全感的氛围，能对团队的决策制定、创新和销售结果带来怎样的影响，然后又开办了工作坊和开发项目，来帮助员工和团队建立让大家敢于直言不讳的信任。

我们还发现当我们决策透明，且员工觉得他们对于塑造公司的未来也发挥着作用时，心理安全感就会提高。这就是为什么我们的管理层会议采用线上直播的方式，并且允许从Salesforce的老员工到新员工，都能提出问题，发表评论，高管们可以在大屏幕上看到。

不仅如此，由于我们很清楚每一个家庭，包括我们这个大家庭，都远谈不上完美，所以我们每年会做两次细致的员工调查。我们会询问员工关于文化，关于他们是否觉得被给予重视的问题，并且请他们给自己的主管评分，评分的方面包括是否能给出清晰的指导，是否推崇包容的工作环境，以及是勇于承担责任还是推卸责任。关于我们的职业道德行为，我们会问一些尖锐的问题。这些回答都是保密的，但是我们会把总分全部公开，以便团队可以查看，并且找出他们需要改善的方面。这还给员工在决定是否要转到另一个部门时，提供了有用的数据。

在我们最近一次调查里，我们包括了一些更尖锐的问题，比如大家是否觉得出现了一种靠拉帮结派和背后中伤来把事情办成的文化，或者大家是不是觉得精疲力竭或者是受到欺凌。如果你不直截了当去问那些尖锐的问题，你就永远得不到直截了当的回答。还有，除非你直截了当去解决那些制造隔阂或者是耗尽士气的行为，否则你永远不可能建立起一个互信的文化。

建立心理安全感，没什么比包容更重要了，因此我们鼓励员工加入我们的平等小组（Equality Group），也就是能提供员工安全空间的亲和小组，在那里，人们可以围绕自己身份的不同方面联结，从种族、性别、性取向，到宗教。这已经成为我们文化很核心的部分，以至于如今大概有一半的员工参与到平等小组里，而两年前只有四分之一的比例。

我们的平等小组的美妙之处就在于当人们最需要的时候，它们能赋能人们为他们的社群站出来发言，同时也提供了一个论坛，可以邀请不同身份的同盟。当世界上发生了一些会冲击我们员工的社群的事件时，组员们就会建立平等圈（Equality Circle），这是可以进行健康、有成效和建设性对话的安全空间。通过这种形式，员工们可以感到自己的声音被听取，而不是坐在办公桌前在沉默中煎熬，同时也有助于在全公司建立起觉察和共情的氛围。

例如，在2017年1月，当特朗普当局在美国与墨西哥边境使家庭分离时，有几个员工组织了一个平等圈。类似地，在夏洛茨维尔发生了白人至上主义者的示威和暴力行为后，员工也聚集起来讨论他们的感受和恐惧。

我们最新的一个平等小组Faithforce是目前发展速度最快的一个，不到一年就有了1000名成员加入。两名员工在我们首席平等官托尼·普罗菲特的支持下建立了这个小组。托尼告诉我有些员工在偷偷举办祷告会，因为他们不确定这是不是被允许的；内容体验总监苏伊·沃恩克向他表明她是一个回归信仰的基督徒，但是觉得在公司里应该把她的十字架项链藏到衬衫里面为好。

在美国有一半以上的人说信仰是他们身份认同的核心元素——不管是穆斯林、佛教徒、锡克教徒、犹太教徒、基督徒、天主教徒，或者其他什么教徒，我们希望全体员工都觉得在工作中展示完整而真实的自我是安全的。所以当乔·特普洛（去年我们收购了他的公司）和我说到“Salesforce驱动的宗教和谐的非凡时刻”时，你可以想象，没什么比这个让我感到自豪。他当时正在我们纽约办公楼里的正念室里，打算开始背诵一段犹太祷词，解决方案工程师尤赛夫·阿巴西走进来要做他的穆斯林晌礼拜。乔朝旁边挪了一下，腾出了地方，然后他们俩一起并排，用各自的宗教语言，做了各自的祈祷。

## 乐趣

我如今仍然把Salesforce看作一个好斗、开拓性的初创公司。这是我们的文化思维定式的一部分。确实，在写本书时，我们公司的历史已经有20多年，我们也成为客户关系管理（CRM）市场里的第一，并且在世界各地占据着漂亮且装饰了我们公司名字的办公高楼。不过我们并没有丢掉推动我们成长的那股年轻蓬勃的热情和开拓精神。很多情况下，这种态度就是不把我们自己太当回事。让公司的这种精神气质焕发，主要就是要有趣。

实际上，乐趣和游乐是我们文化中不可缺少的部分，这并不只是因为它们会让Salesforce成为一个让人工作起来更愉快的场所，更因为它们能改善我们工作的方式。我们的员工可能会埋头苦干数小时，尽力来实现我们的目标。稍微找点轻松的乐子，能有助于减少紧张，恢复注意力。它还有助于培养初心。正如一位佛教尊者所言，“笑口常开对思考有益，因为人们在欢笑时，更容易在头脑里接纳新的想法”。

这就是为什么当你走进一间Salesforce的办公室的时候，你会看到阿童木、Codey熊，甚至爱因斯坦的3D仿真模型，非常适合自拍。当你走进一个领先的商用软件公司总部时，你可能不会预料看到这些。另外，在我们的官网、名片还有销售资料上也有这些形象。我记得当IBM的首席执行官罗睿兰和我一起查看两家公司合作的相关文件时，文件上就带着这些出现在国家公园里的形象。最初，这种妙趣横生的场景显然让一本正经的“蓝色巨人”很不适应。“这些卡通人物是什么？”她被搞糊涂了。我解释说这些人物形象代表我们的产品，而这个国家公园的环境设定，则意味着我们对家庭的投入，因为很多人都在国家公园里度过了开心的假期。然后罗睿兰就喜笑颜开了，我能看出来她理解了。“我成长过程中最开心的回忆，就是全家一起去我们的国家公园。”

研究表明，让人们感到开心的，并不是事物，实际上是体验——所以我们每年会主办5000场“官方”活动，还在一些我们的主要城市频繁举办非正式聚会和晚餐会。这也是为什么最近我会邀请魔术师大卫·布莱恩到纽约市参加一次晚餐会（他吞掉了一只玻璃酒杯），以及为什么我们会找那些杰出的艺术家，例如，马友友、约翰传奇、加奈儿·梦奈、艾迪·维达和珠来给客户表演，邀请杰出的艺术家，比如艾莉西亚·凯斯、红辣椒乐队、蓝尼·克罗维兹和金属乐队，到Dreamforce来举办音乐会。我们希望我们的开拓者们能获得一些难以忘怀的体验，在我们的Ohana里分享乐趣。

## 全世界最漂亮的客厅

文化更多是发自内心，而不是理智层面的，所以我经常会问自己：“这样像Salesforce吗？”

2015年夏天，当我第一次到访我们在巴黎奥克达夫·杰拉尔大道上的新办公室时，我心里头就冒出了这个问题。这是一栋建造于1925年的引人注目的建筑，离埃菲尔铁塔只隔了一个街区。可我一踏进入口通道，就觉得有哪里不对了。

在这座精致的新古典主义风格建筑物的大厅，摆了一张夏威夷寇阿相思木桌。“这桌子为什么摆在这儿？”我问道。“这张桌子摆在这儿看起来有点格格不入。”我说。

“有人跟我们说这是您想要的。”带领我参观的团队如此回答。那时候我就在想，“哇，我们出问题了。”这是一个启示。对于有人认为在大厅摆上一块夏威夷出产的木板就能暗示我们的文化，我的反应并不是关于这个设计上的选择，而是因为我们发展速度迅猛而且被其他问题分了心，以至于我没能停下来思考一下大家每天工作的办公室——我们的物理空间——有没有反映出我们的文化。

当我回到旧金山时，我在我们的大楼里上上下下跑遍了每一层楼。随着这些年令人难以置信的增长速度，我们的办公空间是逐渐添加的，这带来的结果就是，我突然间发现，每一块添加的区域，都反映出了添加时的时代特征。我们的办公室看上去是非常不同的公司，就看你打开哪个办公室的门；在我们为员工和来访者打造的办公空间里，并没有持续统一的风格。更糟的是，看起来都太“企业化”风格了。我们就是一家毫无特色的公司！

显然，我们正在错过一个打造更统一一致的品牌体验和物理环境的绝佳机会：一个你一旦走进一家Salesforce办公室，无论在世界上哪个地方，都能立刻感受到的文化认同。好消息则是重新设计我们的办公空间，让其面貌一新，将会是一次庆祝我们的文化和释放我们团队的创造力的好机会。

很幸运的是，在我一头扎进这个巨大的项目时，能有伊丽莎白·平克汉姆来为我指引方向。伊丽莎白从一开始就负责Dreamforce大会，所以她对如何把我们的文化通过活动来具体化有着准确无误的理解。现在我要她，公司的第51号员工，来对我们的办公空间，做同样的事情。那个时候，我们正要启用在使命街350号一座30层高的新办公楼，我们称之为“Salesforce东部”。那是一个尝试新的办公空间设计的完美所在。

在这个过程中，我曾经有过两次灵光乍现。一个是受到了一句禅语的启发：“直到其中所有东西都被撤走，一座花园才算完整。”另一个则来自爱因斯坦的一句话："深入观察大自然，你就能更好地理解一切事物。"

于是我回到我的初心，清除一切事先形成的想法，跟随自然的启迪。我想象出一个散发着安宁的办公空间，并不完全像一座寺院，通过引入自然光线、天然绿植、石块、暖色调、天然木材，还有当然是环境可持续的建材，让外部的世界融入这栋建筑里。我想象着地面都铺满青草，中有砂石小径，就像一座都市公园，所有的办公桌也都能有最佳光照和景观条件。

在脑子里构思出一个画面着实简单，不过我很快就发现实现起来就很复杂了：要挑选地毯、布艺、家具设计、木板纹理、墙纸、油漆颜色、玻璃以及其他。我们联系了博柏利的设计团队，了解了一下他们的设计理念，以及他们是怎么设计门店的，博柏利也是Salesforce的客户之一。他们提议我们搭建一个样板间，来看看所有元素在真实尺度上看起来怎么样。于是我们就搭了几个会议室，试了几种不同的地毯、家具和灯光效果，评估不断更改设计上的细微差异。用回收再利用的渔网制成的地毯让人想起砂石小径中的草地，最终给人一种大自然的体验，成为设计的重点。整个过程中，我经常造访那个样板间，提出意见反馈，让办公空间带给人的体验不那么企业化，更有家居感，更具辨识度，跟大自然的联结更紧密一些——换言之，更像Salesforce。

这个转变非常棒，不过我还是无法摆脱那种哪里少了点什么的感觉。我记得有一次我跟伊丽莎白在办公室里巡视时，跟她说模拟自然的确是起到了安定人心的作用，可是色彩不够多。我们得找一些艺术品。

然后我突然想到：我们的员工啊！

“我们可以挂一个屏幕，展示员工的视频或者照片。”她提议说。

“格局再大一点。”我跟她说。

我们的“文化画廊”在那一刻诞生了。我们每一层楼和电梯厅，都挂着我们的员工接近真人尺寸的照片，这些照片是在不同的活动和志愿服务中拍摄的。伊丽莎白把这些照片都镶上了白色金属框，则来自一次参观旧金山现代艺术博物馆时受到的启发。毕竟，还有什么比将他们提升到艺术的高度更能赞颂我们的员工呢?

几乎所有到访我们办公室的人，从塔吉特公司首席执行官布莱恩·康奈尔、Thrive Global[1]的首席执行官阿丽亚娜·赫芬顿、加拿大总理贾斯廷·特鲁多，到《纽约时报》的记者，步入之际都不由自主地说，“哇，这可真与众不同！”无论他们是否意识到了，他们体验到的就是我们的文化在全部维度上的实际表现。那就是我的目标——给我们的文化注入生命力。

如今，你走进任何一间Salesforce的办公室，就能瞬间体验到我们的文化。多亏那次对我具有启发性的巴黎之旅，如今我已经了解办公楼底楼大厅——欢迎员工、客户和社群成员的地方——的魔力。除了大厅墙面上巨大的屏幕播放着不停更新的艺术作品，你还可以找到咖啡、零食、安检台前的迎宾员、各种主题活动、建立人脉的机会，甚至DJ。我要让每一个从正门走进我们办公室的员工和到访者，都能感受到我们的文化！

不过从旧金山的总部，到纽约、印第安纳波利斯、伦敦、东京以及其他各处的Salesforce的新办公大楼里，我最喜欢的部分，还是Ohana

[1] 编者注：一个健康内容平台。

楼层。通常，一座办公大楼的顶层楼，都是留给最高级别高管的——有些公司甚至必须通过专用的私人电梯才能到达。不过，我是彻底拒绝这种做法的，并决定每一座办公大楼的最高一层（以及那里的壮丽景观）面对全体员工开放，可以在工作日里用来开会、举办活动和协作，同时在周末则邀请非营利机构和社群小组来免费使用。

2017年，我坐着一部露天的施工电梯，上到了正在施工中的位于旧金山市中心的Salesforce新大楼的第61层。竣工后，它将成为我们新的总部所在地——同时也是密西西比河以西最高的一栋办公楼。顶层楼实在是太神奇了，能看到蔚为壮观的金门大桥、太平洋和我们这座城市的所有主要地标。当我和伊丽莎白站在混凝土地面上，面朝无垠的天空时，我们的头几乎在云端了。

唯一的问题，就是该如何设计这一层楼，好配得上这美妙至极的景观。

“就打造出一间全世界最棒的客厅吧！”我告诉伊丽莎白。

这间云端上的客厅，最终成为一个温馨而友好的空间，有360度景观和一个咖啡吧，配着舒适的家具，以及可以小聚的角角落落。我们用绿植和花卉包裹了立柱，甚至还摆上了一台施坦威钢琴。然后，我们挂起了一块牌子，写着“Ohana楼层，欢迎所有人”。

# 8

# 回馈社会就是展望未来

## 投资于未来的开拓者

在2017年9月一个异常温暖的早晨，我跟着满满几辆轿车的Salesforce员工，去旧金山访谷区中学做一次短途访问。

在Salesforce“领养”这所学校后的几年里，公司里的志愿小队就定期去那里。他们在那些带薪的“志愿者日”里，在学校里参与各项工作，从辅导学生计算机科学，帮助老师在课堂上指导学生，到帮图书馆把书放在书架上。

那天则不同寻常。这些中学生想要换一下角色，那天就是他们给我们上课。具体的是他们想要展示几个在我们员工的帮助下设想出来的新项目的成果。

孩子们展示了一面他们设计的“智能”镜子，可以显示日历，还能用数字化方式朗读当天的新闻和天气预报。他们还展示了一个他们从零开始打造的美颜相机软件，以及把一团一团黏土通上电发出声音而做成的乐器。另一个小组则带我们视察了一下篮球场，这是在我的联合创始人帕克·哈里斯的主要协助下改造过了的，他主动花了一晚上时间，一直赶到天亮，在沥青地面上涂刷场地线。

在访谷区中学的导游们带着我们参观一个接一个项目时，他们表露出来的自豪和对学习的热情颇有感染力。我还记得自己在那个岁数时的样子——被软件编程带来的奇迹，以及这个世界的无数可能性彻底征服。我情不自禁想到这些好奇的孩子完全代表了开拓者的精神。他们正用真正的初心体验这个世界，并迫切想要带领其他人，跟他们一起踏上这段发现之旅。

这次访问中最令人难以忘怀的，就是见证了由一位Salesforce志愿者——我们的产品创新经理金·肖亚德——带来的深远的影响。金在Salesforce已经是让人印象深刻了。他是那种在启蒙的年龄就表现出对科技的热情的杰出人才；10岁的时候他就开办帮其他公司搭建网站的企业了。到了25岁，他已经在公司内部“黑客马拉松”比赛中，击败一些公司里资历最深的工程师，用自己的产品理念，7次夺冠。而且尽管已经110%地投入工作中了，他还同时在访谷区图书馆开办了一个校外编程俱乐部，帮助社会服务水平不足地区的学生。

每个星期四，金都会到场，给孩子们讲授计算机科学、编程和3D打印的基本知识，以及一些像团队合作、问题解决这类关键的软技巧，这些技能在课堂上就十分重要——以后当这些年轻的创新者最终进入职场时，会更为重要。

在这部分参观中，一个叫莉莉安·艾莫里弗的学生自豪地向我们展示了她自己制作的不下4个机器人。另一个学生，卡罗琳·曼迪奥拉，用一台3D打印机制做出了一台完全可以投入使用的遥控机器人的零部件——然后当着我们的面组装了出来。我大概算是科技行业的老兵了，可是在那一天，我从一个充满好奇的孩子的眼里看到了技术的希望与可能。

那天稍晚一点去操场参观的时候，一个八年级学生的家长走向访谷区中学的校长，问了一个十分急迫的问题。她解释到她儿子那年要从学校毕业了。“哪一家高中的编程课程最好？”她问道。

乔·特鲁斯校长停下了脚步。在他供职该校期间，从未被问过这样的问题。那是因为之前，这些孩子几乎没人知道编程是什么意思，更别说想要在这方面有什么进一步发展了。不过这些孩子表现出来的热情朝气，是十分惊人的：我在创办Salesforce之后，见证过那么多产品展示、发布大会或者交易会展，都无法与之相提并论。我被彻底征服了。

对一家规模庞大、不断发展，致力于打造一个更好的世界的公司来说，将其注意力聚焦于一些最重大、紧要的全球问题，是很自然的事情。不过那个上午向我们所有人表明，即使所有回馈社会的方式都是十分重要的，以学习和知识的形式回馈是最有力的一种。我们在那所学校里投入的时间、资金和资源，跟我们在慈善工作的投入总额相比，可能显得微不足道，但是产出的红利则是巨大的。你在给儿童和青少年传递知识上付出的每一美元和每一分钟时间——以及实现的工具——都是在给未来的开拓创新，以及明日的劳动力做出投入。

无论是在课堂内外，这些对教育和学习领域的投入，就是我们在Salesforce打造的文化的灵魂。

几年前，我们开始将我们的慈善事业聚焦在跟湾区当地的学校建立实质性合作伙伴关系之上，因为我们想要帮我们社区里的孩子获得接受高品质的教育的平等机会。不过我想说明的是：相比好心人在资金上的捐助，我们的公立学校更需要人们的到场与关心。它们需要人们贡献专业知识辅导学生，协助教职工，或者甚至只是刷一层新油漆。所有这些活动都是同样可以推动变革的有效工具，Salesforce的员工们正在全世界范围内开展这些活动。

我们之所以有这样的举措，部分原因和我有一次参观我家附近一所公立学校有关。没做计划，甚至连预约都没有，我直接走进普雷斯蒂奥中学大门，想要了解真实情况。一走进去，我就发现跟湾区很多学生来自不同社会经济背景的多元文化学校一样，普雷斯蒂奥中学很不幸地存在资金和人员都不充足的现象。在小心让过那些在过道里跑上跑下的学生之后，我找到了校长办公室。一走进门，我就做了自我介绍，并向办公室主人提出了一个问题："我可以怎么帮助学校进行改善？"

校长一下子不知道如何回答是好。我们素不相识，他本以为等着他的是一场气氛尴尬的家长来访。不过等他搞明白了我究竟在问什么——而且我是很认真的——他答应会给我一个回复。

几个星期后，1000名中学生盘腿坐在斑驳的柏油地面的院子里，这个院子当时被用来作为学校操场。我告诉孩子们我想帮助普雷斯蒂奥中学成为"宇宙最好的学校"。

在校长办公室的那次临时会议，结果成为在全球各地公立学校数百个类似会议的第一个。

## 离开赛场边

我们和当地学校的合作，也许在我走进普雷斯蒂奥中学那扇大门后，就开始逐渐遍地开花了，但第一颗种子，实际上是很早就种下了。

1997年4月，我当时刚刚休完公休假，从印度回到了甲骨文公司，立志要让自己的人生做更多的事，而不仅仅是在硅谷发展个人事业。我的老板拉里·埃里森让我去费城参加美国的未来总统峰会，峰会主席是鲍威尔将军。

我当时就在独立宫，这个美国独立宣言和美国宪法的诞生地，在一群前总统、州长、市长、内阁成员以及国内一众顶级首席执行官之间，参加了这个活动。对年方32岁，满腔壮志豪情，希望拓展自身影响力的我来说，这场景着实让人惊叹不已。

峰会的目标，是动员美国的民间力量，团结起来一起解决我们社会所面临的问题——尤其是那些威胁到年轻一代的问题，比如医疗资源不足、药物滥用以及参与全球化经济竞争所需要的教育资源的匮乏。鲍威尔将军希望我们能参与到一个项目中去，这个项目就是后来的非营利机构“美国的希望”（America’s Promise），致力于改善全国数以百万计处于危险境地的年轻人的状况。当时正处于一个关键时刻。

我无法相信，我从鲍威尔将军，最受人尊重的公职人员之一，听到了和我在印度时从拥抱圣人阿妈那儿听到的同样的信息。鲍威尔将军提出了一段宣誓词，我也宣誓了，这段宣誓词最终对我产生了深远的影响。

“我们承诺向美国家庭中最脆弱的成员，也就是我们的孩子们，伸出援手。他们正面临着在缺少技能教育，甚至更恶劣的是，在缺乏爱的环境里成长……我们所有人都可以每周抽出30分钟或者一个小时，我们所有人都可以多出一美元，我们所有人都可以触及那些形象、语言、着装和我们不尽相同，但需要我们帮助的人们。”

我之前从未听到过这样的概念：企业可以解决社会问题。这个誓言号召我们将回馈社会聚焦在向我们的年轻一代投入。我从未听到过有哪个对企业的号召有如此的说服力与紧迫感。

“这事关美国人离开赛场边，进入赛场参与竞争。”鲍威尔将军在讲话里提到。

我参加完这次活动后，一心想要照此实践。我很快跟我当时的老板拉里·埃里森会面，说服他甲骨文公司应该加入“美国的希望”。他同意了，而且我们决定在我们最熟悉的领域提供帮助：给那些经济困难的学校提供网络计算机。在第一年里，我们向学校提供了6000台计算机，区域从洛杉矶到以色列。

其中一所学校就是麦克法兰中学，一座位于华盛顿特区西北部，拥有2000名学生的市中心贫民区学校。我们当时计划要安装100台网络计算机，却没有考虑到当时正值该财务季度的末期，甲骨文公司里每一个人都在争先恐后地忙着完成销售指标。结果就是，我们的志愿者人手不够。那天气温高达37.7摄氏度，而我们需要把100台计算机搬上三楼，可我们却没有足够的人手。最终，计算机还是搬上去了，可同时传递出来的信息就是对于甲骨文公司的团队来说，这并不是什么头等大事。

就是在那时，我开始理解创造一个员工知道到场很重要的组织文化的价值。甲骨文公司能承诺帮助学校升级计算机设备，的确很好，很慷慨，可是如果回馈社会并没有深植在公司文化里的话，那么没有人会觉得必须多花点工夫来做这件事。当时——在我离开甲骨文公司两年前——我就下定决心，当我自己开办公司的时候，一定会截然不同。

## 1-1-1模式

2000年，就在我和我的联合创始人创办Salesforce后一年左右，我们已经有了50名员工，达到足以动员志愿者，来给这个世界做些善事的规模了。不过我们是一个稚嫩并且飞速成长的初创公司，也没有时间和专长来做慈善相关的工作。我们需要说服某个人来加入我们，帮助我们。

苏珊娜·迪比安卡，一位拥有技术实施和公司基金背景的管理顾问，是这个工作岗位的完美人选，不过当我们第一次接洽讨论这份工作时，我能感觉到她对我们的动机的疑虑。互联网泡沫创造了大量的财富，包括实际的和纸面上的（其中不少在紧跟其后的互联网泡沫破灭中蒸发殆尽）。一些企业家当时都在大谈特谈他们会如何把一部分私人财富捐给慈善事业，只是最终结果大部分都是：口惠而实不至。

我知道我必须说服她Salesforce的确是致力于此，而不是给创始人喜欢的事业任意捐点钱。我解释说，我在甲骨文公司经历的将慈善理念整合进一个企业环境里带来的挑战，教会了我很多，并且向她保证我们正在打造一家截然不同的公司。我跟她说Salesforce肩负一个使命：我们会像致力于践行我们的核心价值观一样，致力于回馈社会。

事实上，回馈社会，从一开始就已经深深融入我们每一个核心价值观里。毕竟，帮助他人这一行为建立与展示了信任，它向员工和客户表明我们并不只是为了钱而经营公司。而且我希望的回馈方式——对未来劳动力的投入——能确保我们继续推动开拓创新，而这不仅能帮助我们的客户在今天成功，也能在多年以后的未来成功。最后，我们聚焦于改善所有年轻人的受教育机会，这无疑是消除不平等的最好解药。

当苏珊娜明白了这整件事不是搞障眼法，她就答应来领导我们这项毫无经验的工作。Salesforce已经拥有了开创性的新技术，以及一个开创性的新的商业模式；现在我和苏珊娜下决心要打造一套新的慈善事业模式，作为它们的补充。

我们向班杰瑞[1]寻求建议。这家公司成功地打造了一个慈善基金，其捐赠的既有利润也有员工时间。我们跟硅谷其他初创公司，比如易贝沟通交流。易贝在上市前一年向其基金捐赠100万美元的公司股票。我们了解到了思科是如何捐赠产品，以及员工时间，来帮助非营利机构与互联网连接。玩具制造商孩之宝公司的董事长艾伦·海森菲尔德（后来也成为Salesforce的董事会成员），跟我们分享了孩之宝员工如何每月可以有4小时带薪假，来参与社区服务。我们还了解到了户外品牌添柏岚如何每年捐赠40小时的员工时间，让员工参与全球社会服务机构的志愿活动。

在对这些榜样进行了几周的思考之后，我终于想明白我们新的慈善事业模式需要整合我们全部的资源——我们的资金、产品、股权，以及员工。所以答案就是：将股权的1%、产品的1%和员工时间的1%投入我们的非营利事业之中。这样的话，我们就能完全将回馈社会嵌入我们的文化之中，而不是随意地做慈善事业。这个模式可以让我们以始终如一的方式来分配资金和提供支持，而且也能让我们严密地追踪我们所付出努力的影响。

用一个让人记得住的方式来描述我们新的慈善模式，这很简单——我们采用了最简单的表达：1-1-1。启动这个模式开始运转，也相当简

[1] 编者注：仅次于哈根达斯的美国第二大冰激凌制造商。

单，因为我们当时在这三个方面的资源也不算多。我们只有这些员工。我们也还没有正式推出一个产品，我们当时还没有上市，因此没有股票。不过，我们所拥有的，就是对给予的力量的笃信，以及支持这一信念的能量。事实证明，这已经足够了。

●◆●

从第一天起，我们招募的每一个员工都可以享受带薪假，去参加他们自己选择的志愿者活动，并且对于他们认为最重要的公益事业，我们捐出与我们的员工捐赠额相同的款项，最高可到5000美元。我的目标就是将慈善事业彻底地融入我们的文化之中，以至于其不可能从核心业务里被剥离，这就包括让员工能很容易地奉献自己的时间与才华。

到2000年6月，我们已经准备好公开启动Salesforce慈善基金会。从一开始，我们就明白如果想要真正把我们Ohana里全体成员动员起来投入这个使命，就必须让员工在我们该如何分配基金会的资金方面有相当大的话语权——以及他们必须能自己决定在每年7天的带薪“志愿者服务假”（或者简称“志愿假”）里，去支持哪些慈善活动。我们发现当他们在资金或他们的志愿服务时间应该如何分配上有话语权的话，员工就会更愿意回馈社会。苏珊娜称之为“民主化”的回馈。随着基金会在她的指导下成长，员工参与的公司慈善事业方向是各式各样的。

我们的员工参与志愿活动的地方包括医院、学校、食品赈济处以及其他的社区机构，包括本地的以及远至柬埔寨和一些非洲国家，比如在印度和尼泊尔的难民营。在卡特里娜飓风这样的大规模灾害来袭时，员工们也会提供援助，帮助重建区域，以及让学校恢复教学运营。

当发生一项大型灾难时，会有很多紧急要事。人们会需要医疗救护、食物、水和庇护所。但让我们印象深刻的是获取信息、知识网络、数据——以及使用计算机的能力——可以帮助当地救援人员及政府进行这些救助工作，并做到事半功倍。

因此，当2010年海地发生7.0级大地震，300多万人受到影响时，Salesforce不仅向那些救灾基金会捐献（包括捐出与我们的员工捐赠额相同的款项），我们还给海地政府和当地组织，比如西恩·潘的“杰/潘海地救灾会”，提供了免费的Salesforce技术，使得他们能够获取那些被安置在救济营里的人们的数据。然后我们还派出了50名员工，在太子港某个贫困且人口密集地区的一所小学里，安装了计算机。同样地，当2017年，玛利亚飓风肆虐波多黎各时，员工们筹集了25万美元捐给了救灾机构，并且志愿去岛上帮助重建。

不过，我们最大规模回馈社会的机会，是我们绝大部分的Ohana成员齐聚一堂的时候。Dreamforce大会并不只是我们最大的客户活动，更是我们每年最大规模的回馈社会活动。我们已经收集了100万本书，捐给了当地和世界各处的学校，比如在尼泊尔新建立的学校。我们参加了“抗击饥饿”活动，给食品资源困难地区和贫困地区打包了100万份餐食。还有Dreamforce年度音乐会为加州大学旧金山分校贝尼奥夫儿童医院筹集资金（总额已达7000万美元，还在增加之中）。

在过去20年里，Salesforce已经捐献了约3亿美元，我们的员工也已经在全世界的社区提供了400多万小时的志愿服务。不过所有数据里，让我最开心的还是这个：我们回馈社会的员工比例高达88%。而且随着我们不断增长，这些数字也会不断增长。

其实并不只是那些接受我们的时间和资金捐助的人从中受益。根据印第安纳大学礼来家族慈善学院的研究表明，回馈社会跟生产力提升、员工满意度和人才招聘联系在一起。我们自己的数据表明回馈社会是很多新员工愿意加入Salesforce的第二重要原因，这也是员工愿意留在Salesforce的三个最重要原因之一。当然，我们有配备了冥想室和有人服务的酒吧的漂亮的办公楼，而且我们给员工提供丰厚且平等的薪资待遇。可是激励Salesforce 4万名员工的并不只是这些。他们在意为他人做一些事，他们想要帮助当地社区，他们希望让我们的孩子受到最优质的教育，他们希望弥合技术鸿沟，让将面对未来冲击的劳动力做好准备。

## 让他们看到可能性

在创立初期，Salesforce慈善基金会主要是基于我们上市前拿出的股本，向非营利机构捐助。我们向数以千计的非营利组织、非政府组织和教育机构提供最高至10个免费订阅的Salesforce技术服务，并且在使用我们的软件与学生、捐款者、职员和其他利益相关者联结方面提供协助。随着这类需求持续增长，以及机构不断希望增加订阅量，我们做了一个决定，使得我们的回馈规模指数级提升。

我们意识到，作为一家开发和销售客户关系管理技术的公司，同时又经营慈善事业，我们处于一个独特的位置。每一家非营利组织（单在美国就已经超过150万个）、非政府组织和教育机构都有自己的“客户”——不管是捐款者、学生、校友、职员、合作伙伴或者用户。这些机构，跟其他企业一样，需要一个管理这些客户关系（在销售、客户服务、市场调研和商务方面）的工具。通过以超大幅度的折扣给他们提供额外的订阅，我们消除了他们使用这个工具提升效率的一个重要障碍——价格。与此同时，即使是按照折扣价格，这些订阅依然带来了收入，让我们能回馈我们的社群。

在非营利领域取得的这些实质性突破，也给我们上了重要的一课。归根结底，Salesforce，和其他科技公司一样，都在经营一个帮助我们的客户接触、整理以及理解信息的业务。当然，对于机构来说，无论是营利还是非营利的，这都是至关重要的因素。可是我们发现，对那些将来会经营和领导这些公司与机构的人来说，培养利用信息的力量的能力，也是相当重要的。

在创业初期，即使我们还没有一个产品，员工也很少，我就明白如果我们想要Salesforce成为一个不断开拓的公司，我们就需要世界级的人才。这意味着我们需要投资我们的学校和青少年机构。在这里，未来的开拓者可以获得所需的教育与技能，让他们在数字信息化时代取得成功。

所以我们的早期项目之一，就是跟鲍威尔将军的PoweUp计划一起合作，给包括我们办公室马路对面的内河码头区基督教青年会在内的一些课余活动中心配备计算机。在青年会那间没有窗户的地下室，我们的员工给墙刷上了蓝天和白云（跟Salesforce的办公室里部分地方一样）。然后我们安上了一排排配置最新技术的计算机，代替之前过时、没用了的计算机。当孩子们放学后来这里时，他们不仅可以使用有效的技术，还能得到如何使用这些技术的“实时”教导——来自我们的员工志愿者。

●◆●

2012年，我们已经在向各种类型，包括青少年组织、公立学校、慈善机构、无家可归者收容所等提供援助金和志愿者服务了。从一个方面来说，能给如此多我们所关心的方面提供帮助，感觉很棒。可从另一个方面来说，我担心面铺得太广，会让我们无法创造出真正有意义的影响。我的好友罗恩·康威，一位富有传奇色彩的硅谷风投家、慈善家，同时也是Salesforce.org的董事会成员，跟当时的旧金山市长李孟贤关系不错，他提议说我们应该见个面来探讨一下这座城市当时什么需要最紧迫。就在我最喜爱的早餐地点Ella’s餐厅，我问李市长（2017年去世）他希望留下什么遗产。他只说了一个词："教育。"在一段比较长的停顿之后，他继续说道："特别是在主要决定一个孩子人生命运的中学阶段……而且，我想给我们的孩子们机会，让他们毕业时可以去科技公司工作，就像你们这样的公司。"

几年之后，李市长开始跟艾伯妮·弗雷利克斯·贝克维斯一起合作，后者是我们现在的首席慈善官。她曾经就是李市长所说的孩子中的一个，在旧金山一个社会服务水平不足的区域（实际上离访谷区就几个街区远）长大，跟着她那从事秘书工作的单身母亲，梦想着日后能在光鲜耀眼的市中心办公楼里上班。从计算机科学专业毕业后，她曾在金融机构运营部门工作，然后加入Salesforce，担任技术型运营主管。在我看来，她就是那个能在Salesforce.org回馈社会的事业中引入更具数据导向方式的不二人选。

通过与时任Salesforce.org首席运营官罗伯·艾可——如今他是首

席执行官了——的通力合作，在我们将慈善工作聚焦于公立学校教育的过程中，艾伯妮和苏珊娜仔细研究了数据，查看员工们都在哪里进行志愿服务，以及什么在更长时期内是可持续的。也许我们最终的决定也不出乎任何人意料：我们准备在计算机科学教育方面加大力度，将STEM教育（科学、技术、工程和数学教育）融入该区内的所有学校。

一年后，2013年时，旧金山学区主管查德·卡兰萨（他后来成为纽约市教育局局长）来见我。他想知道我们是否愿意捐几百万美元，来给中学配置无线网络，以及购买一些教室里使用的笔记本电脑。“你们需要更敢想！要想想看一所学校最理想的状态下应该是什么样，”我跟他说，“你只需要告诉我们你需要些什么。”

最终，Salesforce承诺在10年内向旧金山联合校区和奥克兰校区提供1亿美元的资助。不过跟传统的商业馈赠不同，我们的资助包括来自我们员工的亲自辅导，而仅仅在这两个校区，他们已经提供了长达4万小时（迄今为止）的志愿服务时间，在教室里给学生传授知识。

结果就是，旧金山成为美国第一个在每个年级的课程表上都有计算机科学课程的学区。我们在更多的教室拥有无线网络，在数学和科技学科拥有更多的全职教师以及辅导员，且班级规模更小。最终结果相当可观。旧金山公立学校学生里，多达90%的学生精通计算机科学，而且女生学习计算机科学的比例提高了2000%，未被充分代表群体的比例则提高了6600%。在我看来，这个进步，比我们投入多少资金和时间，是一个更真实的衡量成功的标准。

受到这些成果的鼓舞，我们开始跟全球各处我们办公室所在的学区开展类似的合作。比如，在印第安纳波利斯，我们在美国第二大的业务中心所在地，我们给公立学校提供了50万美元的资助。约有90%的员工在当地学校和非营利组织提供志愿服务，仅在去年[1]一年他们就在印第安纳州提供了65 000小时的志愿服务。

不过，有时候，我们的志愿者带给学生和年轻人的影响，并不只是关于时间或考试成绩。他们还展示了什么是可能的。这也是我们纽约业务中心的早期成员，从销售经理成长为副总裁的斯蒂芬妮·格兰，把志愿服务当作主要的团队建设活动的部分原因。斯蒂芬妮和她的销售团队在皇后区的一所学校教金融素养，他们还招募来自Year Up的实习生，Year Up是一个帮助那些没有大学学历的年轻人提升工作技能的项目。许多人，比如销售实习生布里特妮·阿尔瓦雷兹，最终被Salesforce雇用担任全职岗位。

有句老话这么说："你不能成为你看不到的人。"——我们希望这些孩子能看到他们会有一个光明的未来，他们能在我们这样的公司工作。这也是为什么在2018年，当我们在纽约的高管帕特里克·斯托克斯"领养"双语中学（该校86%的学生接受免费午餐）时，不只是在那里办了一个编程项目。他和Salesforce的副总裁珍妮弗·斯特瑞德勒跟校长克里斯蒂娜·杰利内克合作，将32名被学校描述为"名列前茅"（不是成绩最好，而是拥有更多还未展现的潜能）的学生，带到位于曼哈顿的Salesforce办公楼里。

帕特里克和珍妮弗，以及其他几个Salesforce的员工，组织了一个他们自称"轮值职业座谈小组"的方式，让来自不同团队的员工跟这些中学生沟通，使他们可以了解我们做些什么，我们是怎么去做的，以及

[1] 译者注：2018年。

有些情况下，了解我们的收入情况！不管是这些具有启发性的聊天，还是Salesforce展示的自信带来的影响，不少学生那天离开时，都有了一个目标："我大学毕业后，就想到这样的公司去工作。"

而且他们中间许多人的确做到了。这就是我们创办Futureforce的目标，Futureforce包含很多个不同的项目，包括"领养"当地公立学校，协助中小学学校提供STEM教育；与非营利组织和非政府组织合作，开展职业培训；从大学和社区大学招聘员工，为年轻人提供成百上千个实习机会。我们招聘了一半以上的实习生。

## 以技能培训来回馈社会

当我们思考给那些资源匮乏的社群提供教育时，总是会直接想到公立学校系统。但儿童和青少年已经不再是唯一需要获取更多教育资源机会的人群了。随着人工智能和机器人技术的崛起，全球的劳动力都面临着一个整体性变革。对于我们遍布各个行业的客户来说，日常工作在不断地交由机器完成。要想在一个自动化让这么多工作——甚至整个职业——消失的世界里生存下来，就需要接受一种完全不同的教育。这就是为什么人力开发已成为Salesforce的一个重要事项。

根据世界经济论坛2018年《未来的工作》报告，到2022年，超过50%的雇员将需要彻底重新学习工作技能。比如，从事销售和制造行业的人们将需要获得更多技能。如今，在经济合作与发展组织的全体成员国中，每4个劳动力中至少有一个已经开始出现与当前工作岗位所需技能不匹配的情况了。尽管成年人重新学习工作技能和岗位培训的需求不断增长，大部分人还是无法拥有这样的机会。数以百万计的人被机器和算法所取代而失去了工作，将会对全球以及当地经济造成不可估量的打击——而且如果坐视不管，由这个不可估量的打击带来的裂缝，只会越来越长，越来越宽。

我将此视为一个千载难逢的好机会，可以来解决这个由科技创新给经济带来的不可避免的负面影响。这意味着要确保那些工作受到影响或会被取代的人们有足够的工作保障。在今后10年里，很有可能创造出来的工作岗位会比消失的多，所以在培训和重新学习工作技能方面进行投入，是让被取代的劳动力得以重回工作的关键一步。

我们需要重新想象21世纪的社会契约，而如此重大而又复杂的挑战，绝不能只交给政客们。每一个企业都应该找到方法来培训劳动者，让其重获技能，以适应未来的工作，而不是看着自动化飞速发展却置身事外。

单单在美国，就有近50万的技术岗位空缺，可我们的大学去年培养出的计算机科学专业毕业生只有63 000名。与此同时，我们这些公司可以是非常棒的大学，来培育未来的劳动力。这就是为什么我们在培训员工、实习生和学徒上进行投入，帮助他们掌握新技能。大多数情况下，我们是通过专业的指导、实践经验的方式进行培训，而即使在那些颇具声望的大学里也没有这样的机会。

我们并非唯一一家在人力开发项目上投入的公司。摩根大通投入数亿美元，在全球范围支持社区大学，以及其他面向妇女、退伍军人与少数群体的非传统职业发展项目。摩根大通的首席执行官杰米·戴蒙说道：我们必须给社区大学和职业教育去污名化，寻找机会更新员工的技能，让那些落后的人有机会参与今天与明天的报酬丰厚的工作的竞争。陶氏化工、IBM和西门子公司都已建立起学徒制度，帮助填补他们行业里的工作技能差距。科罗拉多职业智慧计划正在努力在下一个10年里，在全州范围内创造2万个学徒名额，涵盖多个行业需求量较高的工作岗位。

在Salesforce我们也利用我们的在线学习平台Trailhead，来帮助我们的员工和客户持续开发新技能，这些都是在当今快速变革的数字经济中所需的。通过Vetforce，我们给美国现役军人、退伍军人及其配偶提供免费培训，来获取参与科技工作所必要的工作技能。我个人受到TJ·麦克艾尔罗伊的案例的鼓舞，他在海军陆战队服役期间失明后，通过Vetforce平台，成为一个获得认证的信息技术管理员。如今他正在教导其他残疾退伍军人，来为他们的科技职业生涯打好基础。

我的联席首席执行官基斯把人力开发当作自己的使命，就像我对无家可归者以及海洋的使命一样。当他为州立农业保险公司启动一个大型数字化转型项目时，他和该公司首席执行官迈克尔·蒂普索德一道努力，并没有停留在最佳地运行我们的软件上。他们想要让那些受到人工智能技术影响的员工能够进步，从销售代表到索赔处理员的每一个人，都能获得必要的培训，以便继续发展自己的职业。而其中部分职业技能的重新学习，就是通过Trailhead完成的。

基斯还致力于传播人力开发这一理念。在我们最近的年度合作伙伴会议上，他跟我们的1000个合作伙伴们说道，“一起加入”。他们包括信息技术咨询服务巨头埃森哲、普华永道和IBM。“这可不只是关于项目或者收益，这有关于真正地帮助客户，以及他们的雇员获得成功。”

我们这些科技公司拥有数百万的员工，对于帮助受自动化冲击的劳动者重获技能，可以发挥巨大影响力：辅导他们，跟他们一起工作，提供他们继续学习和成长所必需的工具。不仅和其他公司合作，还跟社区大学、综合大学、退伍军人团体、非政府组织、中小学学校、政府一起，我们就可以帮助弥合技术鸿沟，培养有潜力的员工，并且开发未来的劳动力，从而支持一个强劲且持续增长的经济。仅仅带动现在的劳动者一起前行已经远远不够了。我们还需要努力去培养未来的劳动力。

我经常问我在硅谷的同侪们，“要是顶级投资机构要求他们所投资的公司将其股权的1%投入公共慈善，服务于他们的社群，会怎么样？”答案就是苹果、思科、微软、甲骨文以及众多硅谷成功企业将会创造全世界最大的公共慈善机构，可以筹集数十亿美元来解决我们那些最艰难的问题。

我们需要找到一个方式，来大规模地回馈社会。这个答案就是企业。有些公司像谷歌，就已经采用了1-1-1模式，但和我们有所不同。并且我们已经和其他机构一起，将这个理念向全世界传播。我们还促成了Pledge1percent.org的创办，该网站鼓励公司无论大小和所处阶段，都将它们的员工时间、产品、利润或股权的1%，捐赠给慈善机构，并提供了一个框架。

目前已有100个国家的8500家公司——包括Yelp、猫途鹰、Glassdoor和Twilio——加入了Pledge 1%计划，通过1-1-1模式，在慈善方面投入了超过10亿美元。这些公司很清楚回馈社会和展望未来之间，绝不是一个“非此即彼”的选择。这是对我们在创新方面的投入的补充，也是我们所主张的一切事物的基础，因为这意味着我们相信有一个美好的未来。

●◆●

“这事关美国人离开赛场边，进入赛场参与竞争。”

鲍威尔将军（他目前是Salesforce的董事会成员）的这句话一直让我难以忘怀。不过我也相当明了他这里提到的这个赛场，可不是一个势均力敌的赛场，因为在不同社会经济阶层之间，教育、信息和工作机会的获取越来越阶层化。要解决这些问题，我们需要从它们发生的地方入手——就是全国那些社会服务水平最低，资金供应最缺乏的学校。如果我可以在广告牌上写上什么，我会写：“领养”一所公立学校。或者至少，向一所公立学校捐赠你的部分时间和资源。

我相信在企业里的每一个人——上至首席执行官下至暑期实习生——都应该开始把“回馈社会”看作“展望未来”的同义词，看作一个让全世界年轻人重回一个更公平的赛场的机会。这些孩子就是我们的未来，向他们投资吧！

# 9

# 初　心

## 从一张白纸到达成共识

我们所有人都有一个怪癖，就是在我们生活的某一时刻，会屈服于一种诱惑，这个诱惑就是回避问题。我们没有每天做出更多的努力来解决它，而是无数次欺骗自己这个问题会自行解决。

2018年6月，我就遭到了这种态度的报应。

我所遇到的情况，其实很简单。我已经不堪重负了。我在之前几年里一直保持的作息，把我的精力榨干了，吞噬了我本应陪伴朋友和家人、放松和锻炼，以及最重要的，思考的时间和能量。即使在工作时，我习惯性地会同时处理五件事情。长期以来我都缺乏耐心、注意力涣散、工作量过多，而我对此没有感到任何不适。

我知道你大概会这么想：解药就是去休假，马克，休个假。其实我正是这么打算的。不过事情是这样的：彻底抽身离开，已经不再是我去到某个令人陶醉、远离这一切的地点这么简单了。哪怕我在千里之外，相隔数个时区之远，唯一能让我真正休息一次的，是跟这个虚拟世界彻彻底底地断开连接。

所以我下了决心：这次得是真正的休假。这就意味着：做一次“数码排毒”。而且不只是一天两天或者一个长周末而已，这一次我把目标确定为整整两周。没有电话，没有短信，没有电子邮件，没有新闻提示，没有推特。

为了能充分利用好这次难得的机会（也是为了防止意志上会松懈），我采用了双层保险机制。第一层是我和琳恩决定去偏远的南太平洋岛屿。这些地方有着世界上最原始、美丽的海滩，以及令人赞叹不已的生物多样性，提醒了我们为什么会对海洋如此热爱（并且奉献了那么多时间和资金在全球范围内保护海洋）。还有就是，那些地方非常不适合完成任何工作。

第二层保险，做起来更简单，只是更难适应。在我们出发那天，我把我的iPhone和iPad都关了机，塞进一个信封里，然后寄到我们在夏威夷的家中，我们旅程结束后会回到这儿。

当然，我也没有跟公司彻底断绝联系。当的确遇到工作上的紧急情况时，我把我们会入住的地方的固定电话号码都给了乔·珀奇，我的办公室主任。如果真的遇到非常严重的情况，我告诉他说他可以打琳恩的手机来找到我们。

这也不是我第一次用这样的方法来进行“数码排毒”了，所以我知道这个调整会有多难。在最初的几个小时和几天里，在等候某个航班或者某个海滨餐厅等位时，我的肌肉记忆就会被触发。我会本能地伸手去找我的手机，然后发现找不到，再在口袋里狂翻几秒钟，最后才明白了过来。哦，对。我已经被解除武装了。

不过，这一次，当我安坐在飞机座椅上，通过小小的舷窗凝视着太平洋那幽蓝静谧的广阔海面时，我觉得一身轻松，而不是焦虑。之前几年过得真是风风火火，我身上的职责已变得很沉重，以至于电子设备已成了我的生存必需品了。现在，突然间，我觉得被解放了，迫切地想要清空我的头脑，让我的思想开始游荡。

●◆●

1621年，一位荷兰医生造访了颇具传奇色彩的巴洛克画家彼得·保罗·鲁本斯在阿姆斯特丹的画室。

除了他那些依然被陈列于世界上最富盛名的博物馆里的画作以外，鲁本斯还被广泛地誉为一位文艺复兴人士。他曾兼任外交官，能流利地使用数种语言，还是一名成就不凡的艺术品收藏家。他还有时间锻炼身体。能在一天时间里完成这些工作活动，鲁本斯可是个出了名的多任务能手。

不过，哪怕事先已经知道他这位尊贵的病人的这些特质，当这位医生抵达时，他还是难以相信他看到的那一切：这位大师站在一幅画布前，兴高采烈地涂油抹彩。旁边坐着一位助手，大声朗读古罗马历史学家塔西佗的著作给他听，而与此同时，鲁本斯还在给另一个助手口述一封信件。而且，就在这一切发生过程之中，他还能跟这位医生打招呼，并且跟他展开了一场话题广泛的交谈。

不用说，鲁本斯的确天赋异秉。他有一种独特的心智能力，让他可以同时开动几条思路思考问题。我相信他是有可能成为一个令人敬畏的首席执行官的。

可悲的是，无论我怎么努力，我变不成鲁本斯。我时常希望自己能做到，不过我觉得当我将注意力分散在几件事上的时候，并不高效。研究表明我的感觉很有可能是对的。多任务模式看起来是把许多事情搞砸的相当有效的一个方式。

对经营公司的人来说，这可是一个大问题。首席执行官的工作，就是持续不断地去找到新的方式，把工作塞进你清醒时间里的每一个最后的角落里。而且渐渐地，不仅是首席执行官有这种感受，随着生活节奏加快，一家公司里所有层级的员工都会感受到工作日永无止尽的压力。

不过毫无疑问的是，领导一家拥有4万名员工和大量客户，持续不断发布新产品，收购公司，投资初创企业，同时还运营巨大的慈善事业的企业，特别需要保持一种从不间断的工作节奏。尽管我大部分清晨还会起来做冥想，一旦回到现实世界就要不停赛跑。我每天日程都塞满了会议、更多的会议、产品评估、工作餐会、会展活动、演讲、筹资洽谈、团建、头脑风暴会议、媒体采访，还有与分析师通电话。这个工作就是只要你一个不留神，就会被彻底吞噬。

在最近几年，是因为我自己的选择或者是形势所需（或者两者兼有），对我工作时间的需求按指数倍增长——需要我优先关注的事项数量也是如此。结果就是当所有事情都看似万分紧急、至关重要时，就很难减少精力上的投入了。不过我个人在回馈社会上的投入是没得商量的：我和我妻子负责监管差不多5亿美元的私人慈善捐赠金额，而且在一些我们相信是在对这个星球有正面作用的营利性公司里，担任影响力投资人。而且说实话，要能够不想去多做一些贡献，挺难的。比如说，在2018年的时候，我不觉得我和琳恩非要收购《时代》杂志不可，但是我们相信这是一家举足轻重的杂志社，一直给全球带来正面影响，而且确保一家自由开放的媒体的生存能力，是跟我们的那些价值观深切统一的。我打算写下这本书，也是出于类似的想法。

随着第四次工业革命改变了我们每个人跟世界互动的机会，使得时间和空间不再成为即时沟通的障碍后，每个商务人士必须明白“做好本职工作”的定义也必须更新了。

除此之外，在技术几乎可以一夜之间颠覆延续百年的商业模式的时代，如果没有开放的心态，不摆脱过去的枷锁，我不相信有任何人能成功穿越这片未知领域。在未来，领导一家公司，或者甚至是服务于一家公司的唯一方式，就是从你的办公桌上的事务中抬起头来，更宽广地观察这个世界。不过除非你能学会让你的心灵避开每日的喧嚣纷扰，否则你是没法重新构想这个世界的。如今，仅仅是断网后花点时间思考，已经远远不够了。我们需要花时间深入思考。

在这类时刻，培养初心，对新的思考方式持一个开放态度，不仅对心灵有益，更是一个求生策略。

从广泛意义来说，以初心面对生活，是让自己好奇、感恩和学习的一种方式。它意味着要把自己变成像一张白纸一样，意味着要摆脱成为一个专家的想法。像著名禅师铃木俊隆曾经说过：“初心能看到许多可能性，而专家心态则选择寥寥。”

一个专家总是想以确定性来了解事物，并且希望最终能被证明是正确的。而当我以一个初学者的身份开始我的工作和生活时，就完全能放开过去的羁绊——我的牵挂、恐惧、成见甚至是抱负——从而可以打开我的思想和心灵，活在当下。

要是我的那些佛教僧侣朋友们在我2018年家庭旅行前遇到我，他们会因为我习惯性的多任务处理方式、我那颗拥挤不堪的心灵和无法彻底做到活在当下而批评我。当我埋头拼命之际，那扇通向我们所有人居住的这个世界，也是我自己致力于去努力改善的这个世界的窗户，却越来越模糊不清。这可不是进行决策的最佳状态。要想让自己的决策行之有效，一个领导者必须能同时从过往吸取教训，又能预见未来。不过要是你都抽不出一点时间来活在当下的话，这两点就都没法做到。

●◆●

当我在夏威夷一片荒僻的海滩休公休假时，我开始更认真地对待冥想。每日的冥想，在海上的游泳，且常常靠近海豚，以及我在印度和尼泊尔的经历，让我能慢下来，重新评估我的要事。当时我还不精通初心这个概念，但我知道我必须摆脱那些心灵的杂乱，这种状态让我无法完全活在当下，并对改变持开放态度。

我一直对东方哲学和灵性感到好奇，不过随着我沉浸在其教导中，且遇到很多精神向导后，我被征服了。我感到头脑清澈，被解放，焕然一新。我从此对冥想的力量和秉持初心的重要性坚信不疑。

在那些经历过灵性探寻，然后以一个正念宣扬者回归的企业高管里，我绝算不上第一个。在外界看来，正念可能看起来像是无聊的自我放任，或者只是硅谷圈一时流行的狂热。不过我可以万分确定地告诉你，正念练习不仅仅让我变成一个更快乐、高效的人，它还是一个至关重要的商业策略。

要是你把所有因为我决定做出一些重大路线修正而带来Salesforce增长的时期标记出来的话，你会发现在那些时期之前，我几乎总会提出要断网一下，跟我的初心重新联通。

毕竟，在高度压力或者面临危机，没有什么时间容你认真反思时，必须要靠本能。在某种程度上，当我们必须在当下做出决定时，这样的决定才是衡量所有领导者的真正标尺。要是你不曾花时间来跟你真实的自我、真正的信念重新联通，到了靠本能决策这样最关键的时候，你就会最终失败。

2018年，跟我自己、我的家人以及大自然的重新联通，鼓舞了我对一个长期没有解决的问题采取行动。两周的假期，宁静的海滩、长途散步以及在我热爱的大海里鼓舞人心的时刻——最精彩的部分就是在汤加，我与我家人一起在座头鲸群中游泳——我终于放松下来，并且很清醒。我找到了一个解决方案，来解决我那滚雪球般的工作超载。有时，我那个“什么都知道”的专家式思维方式不停告诉自己没有别的选择，只能继续像一条章鱼一样，将我的触须伸向四面八方，把我影响所及范围内的一切都打上我的印记。

也就是当我能够清空我的头脑时，我才清楚地意识到，数字对我不利。到2018年为止，Salesforce的客户不仅包括《财富》500强公司中86%的公司，还有近15万家不同类型和规模的企业。但我依然只是一个人，我的职责则跟我们的业务一同增长。我们越发展壮大，我就需要出席越来越多的产品发布、市场营销活动启动仪式、高管培训、演讲以及客户洽谈——而且我还不停地希望我能做更多的事。随着我的日程、工作都超负荷，猛然发现要是我继续不面对这个问题，就像我过去那样，它只会越变越严重。

几个月来，这个解决方案一直在我头脑深处隐藏着，可是只有当到了那些荒僻小岛上，排除了所有干扰，它才能浮现出来。到了应该让我们的董事会把基斯·布洛克，也就是当时Salesforce的首席运营官，任命为联席首席执行官的时候了。基斯早就已经承担了经营公司的一部分职责。不过显然还很不够。如果我还打算保持我的理性，成为配得上Salesforce的领导者，我就需要基斯跨上一步，跟我一起领导公司。我明白这个举动不仅会把我们俩的合作带上一个新的台阶，还会给我们未来的发展提速。我将会继续聚焦于愿景以及我们的技术创新、市场营销、利益相关者的沟通，以及文化，而基斯则会负责发展规划、实施和运营。

让基斯出任联席首席执行官，直接汇报给董事会，而不是我的话，我将会放弃一些控制。不过在断网的那几周里，我的看法有所改变，我发现我必须更信赖我周边的人。继续把公司所有重任扛在我一人肩上，并没有帮到任何人。新的安排将会让我能更加心存正念，更活在当下，而且也许不会再经常开会迟到了。这个变动很大，不过我相信它有助于Salesforce保持多年的繁荣，同时也能让我重获因满满的日程而分散了的关注和焦点。

●◆●

学会冥想，是我一生中最优秀的投资之一。我对冥想的不少知识，都是从释一行大师那里获得的，他被很多人誉为“正念之父”，也曾因为他为结束越战做出的努力被马丁·路德·金博士提名诺贝尔和平奖。被追随者们尊称为“尊师”的他，把正念简单地定义为对当下自身外部和内部所发生的事情的觉察。他教诲说，不需要跑到高山顶上待个几年才能了解到冥想的好处。实际上，回到当下可以简单到去觉察自己的呼吸。

他说，保持正念，能“身处”在当下，可以给每日的生活带来一道欢乐而且充满奇迹的光芒。焦虑会烟消云散，一种永恒的感觉会取而代之，这会让诸如友善、共情以及慈悲的品德得以产生。简言之，这就是初心的源泉。

多年前，当尊师住在我旧金山的家里时，我们每天早晨6点开始冥想。当然，跟这样一位世界上最优秀的正念大师所处的每时每刻，我都觉得弥足珍贵，不过那段时间里，他给我上的真正一课，是在我给几位科技公司首席执行官举办的晚餐会上。

“我们每一个人都要问问自己：我究竟想要什么？”尊师说道，“我真的想要成为第一吗？或者我想要幸福？如果你想要成功，你可能会为此付出幸福作为代价。”他接着解释说他白天参观了Salesforce、谷歌和脸书，描述了他看到了那么多“煎熬”。他发现，人们“会为自己的成功去牺牲，可从没有人会为自己的幸福去牺牲”。

我从来就没有完全相信当今企业的竞争本质——以及我们衡量企业成功的方式——会有助于打造一家可持续发展的杰出公司。不过我越来越相信它们无益于实现幸福。“如果你越来越觉得煎熬，那么拥有再多的钱，又有何用呢？”尊师说道，“你们应该明白要是你有一个美好的志向，你会更加幸福，因为帮助社会进行变革给生命赋予了意义。”

我当然并不指望Salesforce的每一个员工都采纳这些教导，或者投身于研究冥想和正念。正如你在第7章所读到的，通过把冥想整合进我们的员工健康项目，以及在我们的办公楼里每一层都开辟正念区，我们不遗余力地把正念融入我们的文化。Salesforce也不是唯一一家把正念带入工作场所的公司，包括塔吉特、福特、耐克、苹果和高盛的其他公司也看到了正念练习对他们的员工，进而对他们的企业是有益的。它们都很清楚，拥有初心有助于发现新的机会，还能察觉到可能破坏一家公司文化的迹象。

当然，练习正念有很多种方法。你不必跑到佛寺里长住，或者每天早上都花一个小时冥想——不过有时候在练习时你需要关闭手机。就我个人来说，我会确保白天花上一小段时间，跟我的呼吸联结，从我应该要去做的事情中后退一步。有时候当我参加一个会议时，我的同事们会看到我会暂停几分钟，坐在那里，双眼紧闭，思维打开。在这种情况下，我的团队非常了解我，知道我并没有走神，或者是打瞌睡。正相反，正是这些时刻帮助我彻底回到当下，让最佳的想法浮现出来。

不过，正念里最重要的方面，并不只是打开思维或者活在当下。深度倾听在这时也很重要。不光是倾听你自己，还有别人。这听起来是个简单的练习，可是刚开始却并不容易做到，毕竟我们的头脑总是倾向于下结论，过滤掉我们不想听的内容，被我们的情绪和偏见所左右。

在最近一次的高管会议上，我们查看数字，设定新的待办事项来改善我们的表现，度过了难熬的一天。事后，有些高管跟我说，那些严格的质询让他们筋疲力尽。我没法责怪他们；那一晚连我都无法入睡，满脑子都是那些想法转来转去。

不过第二天一早，带着一个充分休息的头脑所具有的清晰状态，我意识到我并没有足够深入倾听我的团队。我太过于关注数字，以至于我没有去处理缓解紧张，减少噪音，以及回到我们的初心的需要。我没有用心来倾听。

第二天上午第一件事情，就是我大步走进会场，并且宣布，“我将会跟大家一起做一场十分钟的正念练习”。我这支40人的团队立刻把他们的咖啡、鸡蛋还有火鸡培根推到一边，摆好了自己觉得舒服的姿势。

“昨天这间屋子里发生了许多事情，”我说道，“让我们把所有这些都放在我们心头，然后把它们放下，并且呼吸……”

“让我们原谅自己所犯下的任何错误，同时也原谅其他人，”我补充道，“秉持昨日演示的精神，希望我们都能说出真实的想法、感受与信念。如果有人需要向你说出他的真实想法，你能够深度倾听，你能够用心倾听。”

然后我请我的同事慢慢地把他们的思想带回到当下，以及我们所面对的现实——一个由数字和令人头疼的运营细节组成的复杂世界。

我并没有经常把管理层会议变成正念课程。我知道并不是所有人都对冥想感到舒服，这点我完全尊重。不过我可以这么说：在那次会议上，会议室内的能量发生了很大的转变。我们都开始深度倾听了。

## 开放性思维和一张白纸的力量

我可能给你一个印象，即培养初心、练习正念主要是为了找到突破性的想法。那是对的。但是，活在当下，将注意力放在你所在的地方以及正在发生什么，可以帮助我们处理没那么重大的事务，而这些占据了我们大部分的时间。不管是一个十分出色以至于可以给整个行业带来革命的产品构思，一个重组团队的想法，还是调整一个计划从而让客户增长，就像大家常说的，细节决定成败。

这就是初心的另一面——将你的想法变为现实。想要让你的想法实现，你必须让其他人跟你拥有一致的愿景，并且规划一条前行的路线。

你需要优先排序。而且在一家大公司里，你需要让设定优先事项的过程规模化，以便成千上万的员工达成共识。

如何才能做到这点，是我从20世纪90年代开始就在努力解决的一个问题。当经历了第一次改变人生的公休假，回到甲骨文的工作岗位上时，我下决心要取得发展成长，包括个人和职业上的，只是当时公司没有任何高管培训或是职业发展课程。于是我决定采用数以百万的美国人都采用的方法：我开始参加一些研讨班，从一些视频里学习经验，还有，没错，聆听一些录音带。我的导师，比如迪帕克·乔普拉，虽然我从未见过他们，他们对我都很有启发，他们促使我去思考什么对于我是真正重要的，以及我的价值观。那些日子里，我肯定在车子里听了上百小时的自我提升的录音带。

在这期间，我置身于各种思想的熔炉之中。随着时间的推移，培养初心以及其他的个人发展理念开始融合。

在甲骨文，我当时刚刚被提拔为直效营销的负责人，并不是很清楚我在这个新岗位想要做些什么——更别提公司对我的期待是什么。我有一笔预算，要求是花费远小于分配给我的钱，但是对于如何实现这个目标没有要求，也没有什么长期或者短期规划。关于我应如何领导，如何被评估，我需要一个更适合的框架。于是我开始采用一种方法，这个方法很清晰、简单，可以让我确定目标，制定出实现目标的方案，以及同样重要的，评估我的进展。

我把思路厘清，铺开一张白纸，写下了几个简单的问题。我想实现的愿景是什么？这必须是第一个提出的问题，因为如果你不清楚你想去哪儿，是很难到达那儿的。

顺理成章地，第二个问题就是：这个目标有什么对我而言很重要？什么价值观支撑着这个愿景？

在列出了一张价值观的清单后，我接着开始按照重要性给它们排序。结果，有一些优先程度相近，我必须做出选择。很快我就明白，如果所有事都是要事，那就没有一件是要事了。我问自己：什么更重要？是短时间的宣传，还是雇用更多的员工？是创新，还是完成指标？

这并不容易，不过最终我清楚了在时间和金钱投入方面的优先顺序。

一旦确定了愿景和价值观，我就需要确定实现它们的方法了。所以这个框架的第三个组成部分，就大致列出了想要完成这个目标，每个人必须采取的行动和步骤。这些方法也按照优先次序排列，每一条包含成本的预估。

第四个部分是明确我们在实现这个愿景时，必须要克服的一些阻碍。有哪些挑战、问题和事物会阻挡我们走向成功？哪个障碍是最先需要处理的，以及我们如何处理它们？

最后，我要确定合适的衡量标准：我们如何知道我们成功了？在我看来，主观的判断是不行的。我们需要用数据和度量来决定什么才是成功。

这个框架最终形成了一个流程，我称之为“成功五问”，即愿景、价值观、方法、障碍和衡量标准。这五个问题，为达成共识以及领导力提供了一个框架。

1. 愿景——你想要什么？

2. 价值观——什么对你是重要的？

3. 方法——如何实现愿景？

4. 障碍——什么阻挠你成功？

5. 衡量标准——如何知道你实现了愿景？

“成功五问”的五个组成部分，给我们展示了一幅详细的线路图，告诉我们要走向哪里，并像一个指南针一样，引导我们走向那里。这成为Salesforce的重要部分，也是我们取得成功的重大因素。每一次，“成功五问”都是从一个白板开始——我们不希望让过去主宰我们的未来。

以初心起步，我们就能清理思绪，抛弃过时的设想，消除杂念，并能让我们聚焦于关于目标的三方面：什么、为什么、如何。还有，通过书面方式记述下来，就更容易让大家达成一致。我们必须同舟共济，划向同一个目的地，一同关注沿途可能让我们这艘船沉没的礁石或者浅滩，来确保我们能安全地带着我们的“货物”抵达港口。

除了每一次都从一个白板开始，我还提出了四个关键原则，来完成这个文件。第一，所有内容都要按照优先次序排列。第二，每个字都是重要的。第三，这个计划必须要容易记住。第四，必须易于理解。

3年后，当我离开甲骨文，准备好创办Salesforce时，你大概能猜到我做的第一件事是什么。跟我的联合创始人一起，我拿出一张手头上最大的纸——一个美国运通信封——然后在信封背后，写下了新公司的愿景和价值观。这就是我们第一版“成功五问”的源起，实质上是我们第一个商业方案。

那份第一版“成功五问”只是一段长途跋涉的起点而已，回首往事，我们的狂傲和偶尔的毫无头绪，也会让我自己觉得好笑，不过我们总算是实现了当初写在那个美国运通信封上的目标。

“成功五问”成为将我们的初心与商业计划结合的完美框架。明确我们的愿景，可以让我们立足于现实；写下我们的价值观，使我们时刻拥有指导原则；明确我们的障碍，促使我们诚实面对那些阻挠我们的事物；确定成功的标准，能让我们诚实地对待我们自己和他人。

“成功五问”成为我们最为重要的管理工具，在我们的员工从400人增加到如今的40 000人的过程中，指导着Salesforce的每一次决策，并为全公司确定了统一的行动路线。在其核心层面，“成功五问”在达成共识方面非常强大，可以让团队和公司在最优先的事务方面达成共识，同时也能让员工清楚地知道他们的工作如何促成公司的整体成功。在我看来，“成功五问”还有更多其他功效。

“成功五问”之美，就在于它的简单，以及其在一个组织的任何成长阶段都能奏效。我们发现当我们还是一个初创公司时，帮我们勾画出商业计划的那套构架，在我们成为上市公司以后，一样能有效勾画出年度目标。我还发现无论哪次遇到难以对付的问题，都是因为我们之前没能把这些问题落到书面，并且用“成功五问”来思考。

如今在Salesforce，我们已经将“成功五问”的应用扩大到公司所有个人和团队：每一年，每个部门和每个员工都要起草自己的“成功五问”。结果就是，这套提升公司意识的有效方法在整个公司从上到下得到了实施。目前全公司上下总共已有4万份“成功五问”文件——每个员工都会制定一份。

为了提升透明度，我们会在公司社交网络Chatter上发布所有的“成功五问”文件，而不是把它们都锁进保险柜。这一举措有助于打破部门间壁垒，利用整个公司的全体能动性。任何人都能随时查看任何一个员工的“成功五问”文件，了解大家打算如何为公司的未来做出贡献。我们甚至还设计了一个应用程序来帮助每一个员工来追踪评估自己在“成功五问”目标上的进展。

简言之，我们对“成功五问”相当认真。每年从8月起，我开始和公司的第6号员工吉姆・卡瓦列里起草下一财年的顶层文件。之后数月里，我会跟我的高管团队就每一个字词进行充分讨论，然后在2月的财年启动仪式上，提交给更大规模的高级管理团队。我们欢迎对文件的每个部分提出的反馈，我们想知道如何让这个文件更好。在讨论优先次序、行动细节以及其他内容时，确实会引发一些类似家庭内部矛盾一样的情绪，不过最后总能让每个团队对内容更清楚，也更容易达成共识。

我还发现这套流程能帮助引导工作关系。在董事会同意基斯出任联席首席执行官之后，我们一同起草了一份“成功五问”来明确我们的新角色。我们一起明确了我们作为一个团队的愿景和价值观，这帮助我们了解了各自的技能可以如何互补。除了经营Salesforce的第一价值观是信任，我们将信任彼此作为我们的最高价值观。我想你不会对此感到吃惊。

我不太清楚有多少员工把“成功五问”和正念这个概念联系起来。不过在过去这些年，我已经很清楚正念练习的真正力量，就是在整个过程中保持一颗初心。

但是，跟精益管理方法、敏捷管理方法或者任何其他在硅谷正当红的管理方法不同，“成功五问”不是最初，也不是最主要为科技公司设计的。实际上，它本身并没有任何针对科技的要素。它是一个任何类型的公司或者项目实施愿景和价值观的方法。

就拿我们的首席战略官阿列克斯・戴扬举例。他会跟来自各行各业的客户制定“成功五问”文件——有时候甚至是在他们购买Salesforce的技术之前。比如，阿列克斯有一次曾经跟“金属化”乐队的创始人和鼓手拉尔斯·乌尔里希一起，制定了一个“成功五问”文件，聚焦于帮助乐队将社交媒体参与提升到新高度，提升乐队的品牌，成为“世界上社交联结度最高的乐队”。

他还曾在斯黛拉·麦卡特尼从法国奢侈品集团开云那里购回自己的品牌时，帮助她制定了她自己的计划。在她重新获得对自己品牌的全面控制后那段关键时期内，“成功五问”帮助这位有远见的设计师将她的愿景聚焦在让人们“漂亮、开心、行善”，并基于价值观做出决策。这些价值观不仅涉及商业上的损益，还包括环境保护方面的损益。就等着斯黛拉·麦卡特尼推出有机可降解时装吧！

在所有造就我们的文化的事物中，没有哪一样比“成功五问”能更快触及问题的核心。实际上，随便何时，如果有一个年轻的企业家询问我的意见，我做的第一件事就是找出一张白纸来。

比如说去年，我跟巴斯蒂安·莱曼，Postmates的首席执行官同乘一架飞机，他们公司是一家承诺提供在一小时内，将任何物品送达目的地的按需快递服务供应商。身为投资人，我和巴斯蒂安分享经验已经有几年了。他的创业公司曾轰动一时，我也觉得他非常聪明、劲头十足。

不过，在这次飞行途中，我觉察到他略有点不在状态。“我觉得你对创业的那份热爱好像少了一点。”我跟他说。

巴斯蒂安承认自己因为即将开始的内部重组以及其企业里的一些变化而觉得“有点低落”。

我问了他两个基本的问题：“你到底想要什么？”“你想去哪里？”当

他开始用冗长的回答来讲述细枝末节时，我打断了他。能改变他现在无精打采的状态的解药还是很明显的：他需要把自己这家快速发展的企业的愿景和价值观搞清楚。于是，你大概也猜到了，我拿出了一张白纸。

当我们在旧金山降落时，巴斯蒂安已经确定了Postmates的五个最高价值观。当晚，他告诉我说，他回到家后，就把方法、障碍和衡量标准都补充好了。回到那些最基本的问题，帮助Postmates经受住了那些让巴斯蒂安担心的变化，而且自那以后，这家公司更加巩固了其在按需快递服务行业领导者的地位，而且提交了首次公开募股的申请。

那我和我的联合创始人在Salesforce创办早期写就的第一套“成功五问”，后来怎么样了呢？我的联合创始人帕克·哈里斯总觉得该留着那个美国运通的信封。然后在2004年6月23日，我们首次公开募股之日，他把信封装裱了，送给了我。

无论你是在创办一家企业，力图跟你的团队或者组织取得一致共识，还是在努力完成某个个人挑战或是目标，有一条原则总是管用的：要带着初心和一张白纸起步。

# 10

# 利益相关者

## 在这座星球上，我们都息息相关

2018年夏季，当我和家人在偏远的太平洋岛屿上一起休假时，进行了多年来时间最长的一次断网。一件绝对意想不到会出错的事情，出了错。

一下子，毫无征兆地，Salesforce陷入一场剧烈、复杂，且可能具有破坏性的危机之中。而我断网的状态，绝对是对形势火上浇油。

当我们刚刚踩上复活节岛的海沙时，来自旧金山的求救电话就打给了我妻子。就在我隔开半个地球之遥，与总部（实际上，可以说是与世界各处）断绝了联系——于是也就对于发生了什么很幸福地一无所知之际，我得知特朗普政府的移民政策正在以一种我从未想到的方式冲击着Salesforce。这项移民政策早已引发了一场激烈且极度情绪化的全国辩论。

一段时期以来，随着当局一个接一个地宣布那些看起来像是要把我们的国境密不透风地围起来，把移民挡在国门之外的政策，整个局势越来越紧张。对于在美国—墨西哥边境出现的那些令人震惊的人间惨剧，我一直在直言不讳地表达对当局的担忧，公司也是如此。当有关联邦特工在美国羁押中心不断将移民儿童跟父母分离的报道出现时，数百万美国人群起谴责。2018年4月，当《纽约时报》披露已有超过700个儿童从父母身边被带走，且其中100多个还不满4岁的时候，社会舆论形势就像在已经熊熊燃烧的烈火上，浇了一桶打火机油一般。

现在，身在总部的我的团队算是给我打出一发信号弹，告诉我有4名Salesforce的员工起草了一封给我的公开信，并且867名其他员工签署了，以抗议被他们视为违反了公司四大价值观的行为。

他们发现美国海关和边境保护局是我们的客户之一。

那年3月，我们曾经发布过一份新闻报道，提到海关和边境保护局已经选择了Salesforce来帮助他们对其业务流程进行现代化改造。这封公开信的起草者们认为，通过给该机构提供我们的企业软件，我们就是在协助和教唆特朗普当局在边境的移民政策。他们认为和海关和边境保护局合作，与公司所主张的一切相冲突。如果我们任由这个合作继续下去，就会跟他们最初选择加入并在Salesforce工作下去的根本原因相抵触。

这封信特地写明，“鉴于目前在边境上发生的儿童与其父母的非人道分离”，请求我去“重新审核”我们跟海关和边境保护局的合同。

“我们很多人之所以选择在Salesforce工作，是因为Salesforce反抗不公正的名声，”起草者们写道，“我们希望自己在Salesforce的工作能给我们的朋友和邻居带来积极的影响，而不是跟针对这些脆弱的人们的非人道行为沆瀣一气。”接着就是那“临门一脚”了：“我们认为平等这一核心价值观处境危险。”

他们并不了解的是，海关和边境保护局使用我们的软件，是基于非常特定的目的的，而且此目的与将移民儿童跟他们父母分离一点关系都没有——都是改进人力资源能力，以及让一些业务实现自动化等。但这个区别并没有被说明，而且在这一个热火朝天的政治环境下，也很容易被丢在一旁，不被重视。

因为我正在进行一场“数码排毒”，而且对这个冲突的了解慢了几拍，更别说做出反应了，有些员工情有可原地不耐烦了，决定跟媒体分享这封公开信。这就是为什么当我从那次长达一个月之久，（几乎）不受任何干扰的自我探寻以及家人共享之旅回来时，发现Salesforce办公大楼外停着一些新闻采访车的原因。我明白我必须公开发表评论，不过在此之前，我必须先深入倾听一下。于是我跟信件起草者们通了一次话。

通话没几分钟，起草者说了一句话：

“我们能信任Salesforce吗？”

又过了几分钟，另一位起草者也如此这般：

“我们是一家有道德的公司吗？”

在20年的时间里，我还从没有听到任何人严肃地来质疑这两个方面。听到它们之后，我被深深震撼了。那是我这辈子第一次惊诧到几乎说不出话来，让我内心非常不安。

我写到过，像Salesforce这样一家公司，如果我们的利益相关者——我们的员工、我们的客户、我们的合作伙伴以及我们的社群——不能获得成功的话，Salesforce也就不能成功。不过我很快了解到，一家公司如果失去任何一个利益相关者的信任，就绝对不可能兴盛长久，繁荣发展。

## 对任何一家公司来说，最重要的利益相关者

2002年冬天，在创办了Salesforce3年之后，我第一次收到了世界经济论坛的邀请函。就是在那里，我第一次遇见了这个机构富有远见的主席和创始人，克劳斯·施瓦布。

克劳斯是我遇到过的人里面，最聪明、最深思熟虑且受教育程度颇高的人之一。他在哈佛大学肯尼迪政府学院获得了公共管理硕士学位，并且拥有经济和工程的双博士学位。1972年他成为日内瓦大学最年轻的全职教授之一。他在1971年创办了世界经济论坛，时年33岁；在他的领导下，该论坛已经发展成为世界上最具影响力的组织之一。除此以外，这个德国人在登山以及越野、滑雪方面的技能很有名，同时也是一个舞池高手。

克劳斯提出了一个概念，被我视为对整个商业领域而言最重大的知识贡献之一（尽管在2002年我第一次见到他时，还未曾听说过这个说法）。他称之为“利益相关者理论”。

我们第一次交谈时，他正在一家酒店大堂里，像往常一样，被一大群他正在彬彬有礼招呼的客人给围了个水泄不通。也许因为我个子比较高，在人群里很显眼，他最终挤了过来，做了自我介绍。他注视着我的双眼，说了几句永远被烙印在我头脑中的话：“‘一体化’是你需要为你的企业思考的第一个词。”他说道，然后就走开了，留下我自己琢磨他刚才大概是想表达什么意思。

那天晚些时候，克劳斯给我们这些参加名叫“未来全球领袖”的世界经济论坛活动的人，发表了讲话。他敦促我们这些公司和组织的年轻

领导人，扩展自己的视野，要超越我们的公司，甚至超越我们所服务的社群。这个世界充满了各种不同类型的人们，他们的命运与我们的都以各种直接或者间接的方式息息相关，而且在这个数字化联通了的世界里，我们的未来与投资人、客户、员工以及社群的关联度，并不就多于与那些影响全人类的全球挑战的关联度。这些全球挑战包括：不断扩大的贫富差距、气候变化、网络安全和隐私问题，甚至包括我后来知道的，国家边境的危机。

我开始明白过来，在说起“一体化”时，克劳斯在敦促我去寻找那些关联，它们几乎不会出现在公司收件箱里。克劳斯真正想说的是，一家公司要能真正兴盛，只有一个方法，那就是完全融入社会，融入打造一个更好的世界的更大努力之中。

当你的公司每一次和另一个人产生关联，即便关联度不高，你对此人未来的幸福承担起了一些责任。从某些方面来看，这是一个负担，可也是一个天赐良机。如果这个小小的互动，能在满足此人的需求，或是解决他的紧迫问题方面带来一点帮助，无论是大是小，你都能够给此人留下一个长久的印象，这样就在建立起一个互信纽带上跨出第一步了。换句话来说，每一个互动都是对这一关系的投资，而且经年累月，这些投资终会聚少成多。

以这个视角去审视过去，我意识到当时我对Salesforce的视角是相当短视的。我们当时有7万个客户，分别在107个国家使用我们的服务，而且我们致力于向公益事业捐献员工时间、资金和产品，可是我只是从投入产出的角度思考这些。我没有花费足够时间去思考Salesforce是如何融入这个更大的世界的。我突然意识到，经营一家公司，有点类似于站在一架照相机后面，而我需要把镜头的视野调得更宽广。

我们的利益相关者群体远不止那些我们在商业经营范围内直接互动的人们，这包括客户、员工、股东和合作伙伴。它包括我们的朋友和邻居，包括社群和服务于社群的当地学校系统，甚至包括我们所有人居住的这个星球。

●◆●

我一直以来觉得自己跟环境紧密相连。居住在旧金山和夏威夷，我很幸运能每天看到大海。在全球各个城市拜访客户时，我目睹了气候变化的不利影响。不过最近几年发生的事件，给我带来了更多的紧迫感。

2019年当我在世界经济论坛主持一个研讨会的时候，我见证了关于我们面临气候危机的一个强有力的提醒。参与这个研讨会的，有身为音乐人及慈善活动人士的波诺和威廉姆·亚当斯、世界闻名的人类学家珍·古道尔、联合国气候变化框架公约的前执行秘书克里斯蒂安娜·菲格雷斯，以及损保控股有限公司的首席执行官樱田谦悟。

观众席里，坐着格蕾塔·桑伯格，一个来自瑞典，勇敢地喊出“真相最有力”这句口号的16岁的小姑娘，她鼓舞了欧洲各地的青年，通过罢课的方式来引起对气候变化的关注。当我请这位学生活动人士来讲几句话的时候，我并没料到她腼腆地拿过话筒后的发言，会让在这里济济一堂的社会群星顿时黯然失色。

气候变化是一个事关人类存在的危机，格蕾塔开始说道，一些人说“是我们所有人制造的危机，但这不是真实的，因为如果每个人都有罪，那就不需责备谁。但是，我们要责备某个人”。

接着留着长辫子的格蕾塔，挺起了肩膀继续说道：“有一些人，一些公司，尤其是一些决策者很清楚，为了持续赚取令人难以想象的巨额财富，他们让世界付出了什么极为宝贵的代价。我想你们当中有很多人就属于这群人。”

惊愕和沉默突然笼罩了整个会场。“人类的未来，”她总结道，“就牢牢掌握在你们手中。”

在一阵较长的停顿后，开始出现了掌声，不过更像是为了缓解紧张而不是赞成鼓励。这位年轻的气候活动家向世界一些最强大的商业领袖发出了战书，而他们则完全不知如何回应——尤其是因为他们内心深知她说得没错。

我们不能再否认一个事实：环境是每一个企业，以及这个星球上所有人关键的利益相关者。我们不能坐视气候变化让我们的空气变得无法呼吸，我们的海洋升温酸化，还有我们的海平面上升。极端气候事件——热浪、干旱、飓风、龙卷风以及山火——正在一年年地变得更频繁，更致命。如果我们继续以当前的速度，将塑料制品倾倒进我们的河流和大洋，到2050年，海洋中的塑料废弃物总重量将超过鱼类的总重量，这将在我们的生态系统里触发一系列灾难性的连锁反应。

根据联合国政府间气候变化专门委员会2018年发表的一份报告，人类只剩下10年左右的时间，来控制住全球变暖，以避免重大灾害。这份报告警告说，如果全球变暖超出工业化前水平1.5摄氏度的话，就会提高酷热、干旱、洪水以及数十亿人口陷入贫困状态的风险。

就像著名的自然主义者大卫·爱登堡爵士带着沉重的心情说的那样，“伊甸园已荡然无存。”

随着第四次工业革命带来的科技更深入地影响我们的生活，我们将会面对一个从理论上讲非常简单的选择。我们要么利用这些技术进步，来造福于那已经掌握了全球绝大部分财富，并且对这颗星球做出破坏性举措的1%的人口，要么为后代们把这颗星球保护好。例如，我们是用人工智能驱动的无人机和卫星来进行过度捕捞，以及用水下机器人在大洋海底肆意采矿掠夺，还是用无人机和卫星来监控我们的海洋并且制止非法捕捞，用机器人来追踪海水的盐分浓度、温度和氧气含量？

气候变化的时钟嘀嗒走着，而政府与政治领导人仍然无法通过、实施政策，来扭转气候变化带来的破坏。公司参与进来，就极为迫切了。

这已经开始发生了，而且越来越频繁。非营利组织，比如由理查德·布兰森爵士创办的B团队，以及共益企业认证，激励商业领袖引领变革，打造一个可持续性与包容性的经济，将人与地球放在首位。这些组织传播了一个信息，即致力于有责任、讲伦理以及可持续经营的公司将得到回报。就像联合利华前任首席执行官保罗·波尔曼说的，“这并不是置目标优先于利润，而是以目标来带动更好的利润”。这是因为将环境视为利益相关者的公司，更容易吸引人才和客户，他们对公司能承担更多社会责任的需求日益增加。

在致力于将环境视为一个关键的利益相关者的公司里，Allbirds就是一个突出榜样。这个快速增长的制鞋初创企业，以使用严格符合可持续农业以及动物福利标准制取的羊毛这个方式，推广了生态鞋品，这比在鞋品中采用人造材料，要少消耗60%的能量。Allbirds还跟非营利组织Soles4Souls合作，将回收的鞋子转送给全世界有需要的人群。

巴塔哥尼亚则通过在它的服务中心、办公室和零售店装配太阳能电池板、LED灯具和节能设备，来将其供应链对环境的影响降到最低。它还将其销售额的1%捐献给非营利的环保组织。这家户外服饰公司现在只对那些重视环保的公司客户提供带品牌标志的服装业务。

电子商务网站Etsy最近宣布全面向碳中和的运输转型。通过承诺购买碳补偿，来100%抵消在包装运输过程中产生的碳排放，这家在线零售商为其整个行业树立了一个黄金标准。甚至一些全球商业巨头也明白环保的重要性。包括可口可乐、百事可乐和联合利华在内的250多家公司，都承诺到2025年，把所有塑料包装要么改成可重复使用的，可回收的，要么是可降解的。

在Salesforce，我们并没有止步于通过我们的“1-1-1”模式来支持组织去改善环境。在2013年，我们承诺实现100%的可再生能源，并且自此在全球实现了温室气体净排放量为零，并向我们的所有客户提供了一个碳中和的“云端”。仅在2018年一年，Earthforce，由我们8000多名员工志愿者组成的绿色工作小组，在环境保护方面，于他们自己本地的社区，完成了超过2万小时的志愿服务时间，我对此万分自豪。

我们不仅在企业文化中灌输这些价值观，还将它们融入我们的基础设施。旧金山的Salesforce办公楼装配了全美国高层商用建筑里最大规模的现场循环用水系统，每年可以节省百万加仑用水。对我们来说，鉴于总部位于加利福尼亚州，一个长期遭受干旱侵扰的地区，这一点至关重要。

我也把环境保护当作我个人的关注点。在2016年，与道格拉斯·麦考利一起，我和我妻子创立了贝尼奥夫海洋项目，前者是加州领先的海洋研究中心加州大学圣塔芭芭拉分校的一位创新海洋科学家。我们成立了一个类似于针对海洋问题的研究医院，全世界任何人都可以提交一个关于海洋健康的问题，然后跟一组生物学家、工程师、经济学家和社会学家一起，来研究这个问题。同时我们也在资助海洋行动之友，一个由51名海洋问题领军人物组成，为那些依赖海洋的生态系统所面临的紧迫威胁，寻求快速解决方案的联盟。

我还受到可持续海洋联盟的鼓舞并为他们提供支持，这是由丹妮尔拉·费尔南德斯领导的组织，他们启动了一项名为“加速器”的项目，来跟拥有新的科技，而且商业计划聚焦于海洋的保护和可持续性的初创企业进行合作。

长期以来，公司忽视它们的行为对环境的影响，声称将可持续性融入他们的文化、运营、商业模式会“成本太高”或者“后勤跟不上”。不过这些借口已经不再站得住脚了。如果你不能服务于你最大的利益相关者——这颗星球——的利益，那你也不可能服务于其他利益相关者的利益。

正如联合国前秘书长潘基文说过的，“我们是可以消灭贫困的第一代人类，也是能对避免气候变化带来最恶劣影响采取行动的最后一代人类。未来的世代将会因为我们没能秉持我们的道德和历史责任，而严厉地评判我们”。

当然，他说得没错。不过提到企业，我想要加上一句。除非你是在销售火星上的不动产，否则对于任何一家公司来说，最重要的利益相关者，就是我们居住的这颗星球。这并不是什么虔诚的一厢情愿。把镜头拉开，自己睁眼看看吧。

## 当价值观相冲突时

毋庸讳言，拯救这颗星球这件事，是一项空前伟大的事业。尽管这个挑战如此艰巨，但我们在不遗余力地做这件事：环境问题是少有的在Salesforce所有人立场完全一致的一个议题。没有一个利益相关者，对我们做出的承诺有任何问题。为一项所有人都相信的事业奔走让人感到安慰。但不是我们所面对的每一件紧急的事都有序地排着队。

当2018年6月我跟家人去度假时，公司在继续以创纪录的速度增长。我们连续8年被《福布斯》评为“世界最具创新力”的公司之一。我们连续5年成为排名第一的客户关系管理提供商。另外，2017年6月到2018年6月，我们的股价涨了58%，让股东们相当开心。

然后来了这封关于我们和海关和边境保护局业务的“公开信”。

就这封信所处的背景来说，我们并不是唯一一家员工就自己的产品被政府部门使用，而采取行动的科技公司。当年春季，4000名谷歌公司员工给他们的首席执行官桑达·皮采写了封公开信，抗议该公司参与一项在战场上使用人工智能的五角大楼项目。“我们认为谷歌不应该参与战争。”这封信如此声明。两个月后，谷歌宣布在2019年，它将不会再和军方续约。

这一年微软的员工也发了一封公开信，要求公司高管取消一项跟美国军方签署的价值4.79亿美元的合同，声称“我们拒绝开发用于战争和镇压的技术”，同时呼吁制定更严厉的伦理指导方针和监管措施。微软回应道，它致力于向美国国防部提供技术，而且将会“在解决涉及人工智能和军事应用的重大伦理和公众政策事务方面，继续以活跃的企业公民身份保持参与”。

6月，亚马逊的员工给首席执行官杰夫・贝索斯发了一封公开信，要求他停止给执法部门和其他政府部门使用该公司的Rekognition人脸识别技术，而他则决定拒绝这个要求。“如果大型科技公司都不愿意支持美国国防部，”他说，“这个国家将会遇到麻烦。”

在前一年，当白宫试图对几个穆斯林占主导的国家实施移民禁令时，我对此强烈抗议，而且充分地讲述了移民在Salesforce承担的关键角色，以及我们是如何坚定不移地维护那些来到美国，寻求更美好的生活的人们的权利的。当特朗普当局宣布在移民方面的零容忍政策，接着媒体开始发布移民的家庭被拆散的报道时，我内心很悲痛。那些来到美国寻求更好生活的家庭，遭受到如此待遇，实在是令人难以想象。我想到了我的曾祖父，艾萨克・贝尼奥夫，就是以难民身份来到美国的，于是我立即向那些帮助边境的家庭的非营利机构捐助了款项。

在美国，人们来自很多背景与国家——我们真的是一个大熔炉。每年，一些世界各地最优秀、聪明的学生进入我们的大学学习，然后毕业后回国。实际上，我们应该给每一个获学位证书的人绿卡，让他们留在这儿。我们的长期差异化竞争策略总结起来就是一个词：移民。最终，让一个国家有差异或有竞争力的不是人工智能、生物工程或其他技术，而是人。

6月14日，在我读了一篇关于1500名非法移民儿童在越境时被拘押，然后被塞进一家废弃了的沃尔玛商场的报道之后，我在推特上发了一段《马太福音》里的内容：“耶稣对他说：‘你要尽心、尽性、尽意爱主你的神。这是诫命中的第一，且是最大的。其次也相仿，就是要爱人如己。’”

我还给白宫官员写了封信，敦促他们终止这项可怕的政策，让孩子们跟他们的父母重新团圆。

6月17日，我把手机和笔记本电脑留下，开始早已计划好的休假。几天后，当公开信在Chatter上发布出来时，我的办公室主任乔·珀奇，给整个管理团队发出了提醒，他们都知道我给过明确的指令，就是除非出现真正的紧急情况，否则不要打搅我，所以决定在我不在场期间，采取一个“观望”态度。风平浪静了几天后，这封信泄露出去了，一切就失控了。

很显然，我挑了个很不合时宜的时间段来断网。当一家公司里有一个直言不讳的领导者的时候，大家就会期望在有好事或者有坏事的时候，总能听到他说些什么。现在，我创办的这家公司里乱成一团，而我却音讯全无。大家开始质疑了：“为什么马克默不作声？”

6月27日，乔终于打了那通电话。“你有没有在关注发生的这一切？”他问我。

“我能怎么关注呢？我人都在复活节岛上呢！”我说，“我也没有上网，完全一头雾水。”

“呃，我们遇到了麻烦。”乔的语气很不明朗。

等他给我快速介绍完整个经过之后，我就问他希望我做什么。

“我们真的需要你发篇推文，”他说，“大家都想知道你是怎么想的。”

毫无疑问，这通电话让我大吃一惊。我相信存在一些误解；毕竟，我知道的事实是我们提供给海关和边境保护局的服务，并没有被用在边境拆散儿童与他们的家人。我告诉乔，去把这个消息传达给团队，并让他们在我不在时处理这个情况。

●◆●

我没有指望过100%的Salesforce利益相关者，会100%地同意我对公司运营的决策。不过那封公开信，倒是头一次有利益相关者群体会如此公开反对我们的商业运营，并质疑我们是否遵循自己的价值观。我从未想到过会出这样的事情，可就是出了。我们不能对这个争议置之不理，但直面向前也颇有难度。

从一个角度来说，我们有义务来给那些觉得跟海关和边境保护局合作，是违反了平等这一核心价值观，并且希望我们取消这份合同的员工提供支持。从另一个角度来说，Salesforce不应该，也不能毫无理由地就取消了跟海关和边境保护局的合同。这个机构是我们的一家客户，我们对他们以及我们的股东和投资人负有责任。不管我们做出什么决定，看起来我们必然会让一个群体认定我们已经违反了排名第一的价值观，信任。当一组重要的利益相关者的利益跟另一组的利益发生了冲突，该听哪边的呢?

当开始涉及另一组利益相关者——我们的客户时，冲突就发生了。这封流传出去的员工信最后一段，呼吁公司推出一个计划，来审核我们所有产品的应用情况，以及它们被用于危害社会的程度。我们的部分客户，尤其是在公共服务领域的，担心这样的计划一旦实施，我们就很容易向公众压力屈服，只要一有争议的迹象就会取消合同，哪怕批评指责实际上毫无根据。

而且他们在表达这些担忧方面，一点也不腼腆。基斯和我们的公共事务业务主管戴夫·雷，以及其他销售高管们，不停地应付着来自客户们的电话，客户们都在问谁有资格来决定他们购买的产品是被用来行善还是作恶？标准是什么，以及谁来定义这些参数？是不是每一个客户都需要和Salesforce的价值观一致？你们是我们能依靠的吗？你们不会决定让我们停止用你的软件，把我们丢下不管吧？很快这一切就变成了一个我们团队需要处理的另一个关于信任的问题了，而且因为牵扯到了我们另一个核心价值观：客户成功，事情也复杂化了。

除了其他的“第一次……”之外，这次危机还标志着Salesforce有史以来第一次我们的三个核心价值观相互冲突。平等，促使我们在那些儿童与家长被拆散时，挺身而出捍卫他们的人权；客户成功，驱动我们作为一家公司帮助客户成长；还有信任，我们价值观的基石，Salesforce是一家维护其价值观和信守承诺的公司。

同时，所有人都在关注。关于我们应该怎么应对，有诸多相冲突的观点。我明白我们需要深入倾听所有利益相关者的意见，把我们的思考透明化，不过我还是比较担心这场对话会走向何方。在此之前，“合乎伦理和人道地使用”我们产品并不是我们必须要面对的一个话题。

随着更多的新闻机构报道这个事件，Salesforce发表了一个简单、如实的声明，表明我们跟海关和边境保护局的合同，与在边境拆散家庭成员的做法无关，同时Salesforce看重所有人的平等权利。这是100%真实的，不过同时也毫无疑问的就是因为跟海关和边境保护局这个客户签约，我们和受到该机构影响的每个人都建立了附带的联系。第二天，基斯发布了一个声明，说Salesforce将会向帮助被分离家庭的非营利组织捐赠100万美元，并且会捐出与我们的员工捐赠额相同的款项，来增加我们的影响力。

受到那么多目光的关注，我最终决定打破自己假期静默的誓言了。“我反对在边境上发生的将儿童与他们的家人拆散的做法，这么做不道德。”我用我妻子的手机，在Chatter上给全体员工写道，“我也听到了Ohana的担忧，并为我们全体员工能团结起来，为边境上的那些家庭提供支持而感到自豪”。

这最后一句话可不是句空话，我是真心实意这么说的。有些员工对此问题关切，并且发声质疑Salesforce是否做了正确的事，这让我很自豪。而且我明白，在当时我们有3.2万名员工，这封仅有一小部分员工签字的信，不能被忽视。他们所做的，正是我们每天谈论的，是一家生气勃勃、充满生命、由价值观驱动的公司的一部分。就像我之前提到过的，我一回来就跟这些员工进行了一次通话。

在视频通话中，这些曾经提出关于信任和伦理那些令人不安的问题的信件作者，用一种依然强有力，但是略微不同的方式，提出了我们产品的使用要符合伦理的要求，以及Salesforce的技术被海关和边境保护局使用这一事情让他们有多担忧，还有他们对在边境上的人们遭受到的非人道的待遇的忧虑。与此同时，他们看起来想要让我明白，他们信任公司领导层，相信我们最终会做正确的事。

在我认真仔细地听完了他们4个人的发言后，我把刚才我听到的回想了一遍。突然间，我意识到这次对话并不只是与海关和边境保护局有关。没错，海关和边境保护局的合同是个导火索，而这次谈话涉及一个更大的话题，即我们的文化需要演进。而企业文化确实是不断演进的。具体来说，就是我们需要找到一个方法，来确保我们坚持自己的核心价值观，即使它们看起来相冲突。这些员工和他们代表的几百名员工真正想要的，是在公司里要有一个新的流程和一套指导方针，可以在当下和未来评估我们的合同，来判定我们的客户是否在使用我们的科技危害社会。

突然，这个情况开始感觉有点熟悉了，且这些价值观的冲突不那么棘手了。我们的关键利益相关者之一，即我们的员工，已经指出了一个问题，就像他们在薪资平等和多元性别和性取向者权利问题上的表现一样，而且他们最终提出的解决方案很好。

就在这通视频通话结束后几周内，我花了不少时间来倾听我们的客户、员工、投资人和其他利益相关者，包括我们捐赠了员工时间、资金和产品的非营利组织。这些讨论让我清楚了我们该如何重新调整我们的流程，来确定我们的技术被符合伦理要求地使用，以防范意想不到的后果。

大概差不多的时候，一个约50个人的团体在Salesforce办公楼前举行了一次抗议示威。他们举着有我照片的标语牌，用各种不好听的修饰语来喊我的名字，指责我是个一边给加州大学旧金山分校贝尼奥夫儿童医院捐赠上亿美元，另一边又在边境上把儿童关进笼子里的伪君子。

我当然不喜欢在电视上看到这些画面，或者是在社交媒体上被抨击。要不是之前的斗争让我脸皮变厚了，我都不知道该怎么熬过这一次风波。在我思考的过程中，我努力聚焦在我知道的事实上：Salesforce在这个事件里到底是不是被公正描述其实并不重要；重要的是我们有责任确保关于产品使用合乎伦理的指导方针变成清晰文字，付诸实施。

7月26日，我在Chatter上发布了一份给员工的声明，宣布我们的平等事务办公室将会成立一个新的小组，名字是“伦理和人道使用办公室”。它将和我们的伦理与正直办公室合作。伦理与正直办公室聚焦于公司治理。我们将指定一名首席伦理和人道使用官，其新组建的团队将会跟我们的利益相关者，以及行业群体、意见领袖、专家一起制定、推广和实施围绕科技合乎伦理使用的行业标准、指导方针和框架。

我们首任首席伦理和人道使用官葆拉·戈德曼描述了她的使命，就是给我们的技术制定一个策略框架，让它们不仅可以推动客户获得成功，也能推动正向的社会变革，造福人类。

我们都知道技术本身并不分好坏，就像我们的文字一样，它只是一个工具：你如何使用它，才最重要。最终确保它被符合伦理要求地使用，是任何一家企业的核心职能。

因此下一次再有技术使用的问题发生时，我们就不必依靠直觉或当时的政治变迁，或者是被迫在我们的核心价值观里厚此薄彼了。取而代之的是，我们现在有了一个由多元化的专家顾问组成的办公室，以及一个流程来评估我们技术的使用。

我相信在将来，当我们考量合乎伦理和人道地使用科技时，所有利益相关方的意见都会被听取。不过更重要的是，我们度过了一次危机，而且变得更有力量。而且在这个事件中，本来可能对我们构成威胁的，最终挽救了我们。当然，这里说的就是我们的价值观。

公司内部的焦虑，媒体的喧闹，示威抗议和对话交流，尽管经历了所有这些，我对我们利益相关者能拉响警报万分感激。

海关和边境保护局危机是一次痛苦的提醒，即使当你觉得自己在倾听利益相关者这方面已经做得非常好了，一个生存危机依然可能立即冒出来。这个教训相当简单：信任可不是存钱。或者说不能因为你的罐子里装满了玻璃弹珠，然后每次丢掉几个也无所谓。

每一天，每一个事件，每一个复杂境况，都可能仅仅因为一个致命的错误步骤，而打翻整个罐子。不过，与此同时，这也是一个好机会，可以用来证明你们对于自己的价值观——以及全体利益相关者一起做出正确的选择这方面，有多么投入。

做到这点的诀窍，就是要确保你看这个世界的照相机已经被设置成了“横向”模式，以便获取最完整的视野。

# 11

# 活动家首席执行官

## 表明立场不是一个可选项

创办一家智慧、可持续的企业，第一条规则，就是学会如何根除自满。我们这些在领导层的大多数人，今天已经学会了未雨绸缪。我们举行策略会议。我们热衷于谋划应付最差情况。我们面对着一堆A类股授权证书发誓绝不会像出门不带雨伞那样去冒风险。

可即使如此，我们依然会不带雨伞。

在企业领域，我注意到的最令人费解的事情之一，就是总是存在一些潜伏在周围、未来可能会给公司造成伤害的问题，可即使如此，公司里那些“首席”们，却没有一个对此给予重视。

通常，这些问题并不是不易察觉。它们是员工经常讨论的事情，即使大部分高管刻意地回避它们，唯恐我们要去领导一些耗费时间的特别小组。我们转过头，找各种理由，自我安慰，说这些问题都不是我们可以控制的，也不在我们的职责范围内。我这里说的不光是公司内部发生的问题，也包括公司所在的社区的问题——就像我们那些处境艰难的公立学校和破败凋零的基础设施。

即使是带着最美好的初衷创办的公司，随着公司成长壮大，成为更复杂的机体，也会出现这类情况。当各种接踵而来的问题让他们无暇应对的时候，创办这些公司的人们被困在——或者更糟的，隐藏在——他们制造出来的气泡里。所有曾投入于创新与规模增长的能量，会转向另一个优先事项：保护与维持，只要保持浮在水面就行，而不是去击水搏浪。

当所有大大小小的危机都爆发，开始让你觉得对生存构成威胁时，保持现有状态就成了目标，而且任何偏离这个目标的都可能引发与公司的内战。

2018年夏末，我决定是时候对我的同侪所忽视的一个问题做些什么了。在我看来，这个问题开始变得显而易见了。我说的就是在旧金山我每天都会遇到的长期存在，且在迅速恶化的无家可归者危机。

在一个充满创新和财富的城市里，有一群数量惊人的人无法满足基本生活需求。我一直生活在旧金山，无家可归问题一直是这个城市的一部分，可从没有像现在这么严重。在旧金山，有约7500人，以及超过1200个家庭，其中包括1800名就读于我们公立学校的儿童，处于无家可归状况。他们中不少人就住在离Salesforce大楼几个街区之遥的大街上。带着孩子的家庭，在汽车里，在搭建于城市公园内的帐篷里，以及在过度拥挤的无家可归者收容所里勉强度日。很多露宿街头的人还遭受着心理疾病以及毒品成瘾的折磨。人行道上散落着毒品注射针头和粪便。

不幸的是，这场危机并不只是我们这座城市独有——在西雅图和洛杉矶这样的地方，无家可归现象也在蔓延。随着高企的住房成本将人们赶到街上，这个问题变得越来越严重。在纽约市，在上一学年，将近有

11 5000名学龄儿童——大概公立学校里每10个学生里就有1个——住在临时居所，这是有史以来最高纪录。

一项由加州大学伯克利分校进行的研究发现，旧金山部分地区的卫生状况比那些贫困的发展中国家都还要差。在2018年，一名来自联合国的到访官员说旧金山的无家可归者的困境，令她“震惊至极”。当我们这些新兴数字化经济的主宰者坐着优步网约车和电动汽车，与这些现象擦肩而过时，不知怎的，会觉得自己无可指摘，与此同时，也觉得爱莫能助。

2017年，Dreamforce大会开幕前几天，我去了活动举办地莫斯康展览中心附近的第3街。这条街脏乱不堪，垃圾、粪便以及吸毒器具遍地。显而易见，我们需要采取重大措施来解决无家可归危机。市长确保围绕Dreamforce大会的街道会被打扫干净，不过我知道这是不够的。这些街道并不该只是为了我们的活动而保持清洁，而是应该为了全体居民，一直保持清洁。

第二年，当我们启用Salesforce办公楼时，我们那耸入云霄的大楼和61层楼下的街道之间的明显反差，我心里十分清楚，也感到尴尬。在我们楼里的Ohana楼层，员工们喝着咖啡师制作的新鲜浓缩咖啡，欣赏着令人赞叹的城市景观，还聆听着钢琴家弹奏的积极向上的曲目。在楼下的人行道上，成千上万无家可归者在垃圾箱里翻找，有些身体或者心理上遭受病痛折磨，被迫在那些价值数百万美元的公寓楼和富丽堂皇的办公楼间乞讨。

我清楚一个事实，即无家可归情况，以及其背后加大的贫富悬殊，可能会对我的公司，以及旧金山和硅谷整个商界的未来前景产生重大冲击。在旧金山，所有由数字化革命带来的消极副产品最终导致缺乏负担得起的住房供应——转而导致缺乏机会——波及全市如此多的人口。只有很少人不受此影响。这个结果对我们的市民，包括我们部分客户和员工，以及数百万到访旧金山的人们来说，可不是一件好事。可是，尽管这场数字化革命赋予了我们那么多财富，对于其产生的这一明显副产品，科技行业里的我们都做得远远不够。

在旧金山，可悲的事实是科技行业对这场危机负有主要责任。正是我们许多薪酬颇高的工程师和高级管理人员把房地产价格推到了天文数字级别：就在2019年我写这本书的时候，一套单间卧室公寓的月租金均价近3700美元，而房价中位数则达到了创纪录的160万美元。这彻底摧毁了可负担的住房供应，导致努力工作的中产阶级无法承担这么高的房价。

当然，这种贫富悬殊并不只出现在旧金山，但旧金山就像是煤矿里的金丝雀[❶]，在提醒着我们，如果不开始解决日益加剧的不平等带来的有害后果，会面临什么危险。据牛津饥荒救济委员会的数据，在2018年，这个星球上26个最富有的人拥有的资产净值，相当于全世界最贫困人口的一半，也就是大约38亿人拥有的资产总量。我们这个星球上大约一半的人口，靠着每天不到5.50美元维持生活。即使在美国，40%的成年人拿不出400美元来支付应急开销。加州大学旧金山分校的研究表明，那些到5岁都没机会接受适当教育以及医疗保健的儿童，他们余生都将处于一个劣势地位。

---

❶ 编者注：17世纪，英国矿井工人发现，金丝雀对瓦斯十分敏感。工人们每次下井都会带上一只金丝雀作为“瓦斯检测指标”，以便在危险状况下紧急撤离。

我们所有人都应该对此关心，即使我们错误地认为它不会直接影响到自己。因为现实就是，不受制约的资本主义对谁都没有好处，甚至包括那些从中汲取巨额财富的公司。每个露宿街头的人，都意味着又少了一个接受教育，或者参加工作，或者给当地经济和社群做出贡献的人。这条不平等的沟壑将会割裂我们，产生两极分化，助长冲突的发生。

虽然我们这样的公司是这个问题的一个主要诱因，并不意味着我们就不能提供解决方案。

多年以来，我一直跟慈善组织进行合作，给无家可归的家庭提供他们所缺乏的一些基本需求。我跟多位市长以及其他市政官员紧密合作，来改善旧金山的公共教育和公共卫生状况。Salesforce成为旧金山联合校区的最大私有资助者，也是奥克兰联合校区年度捐献金额最高者。不过与此同时，无家可归现象看似依然在恶化。

这场危机需要迅速且持续的资金注入。依靠慈善捐款已经不合时宜了，因为它不仅慢，而且随时会流向别的有价值且热门的公益事业。旧金山需要一个系统性的变革来为解决无家可归问题的方案提供资金，靠政府和慈善机构是无济于事的。只有我们这座城市的营利性企业，才能化解这场困局，其中很多企业享受了税收减免。

我一直孜孜不倦地跟那些创始人和首席执行官探讨无家可归这个问题，询问他们觉得该如何解决此事。他们是否真的认为如果连自己市民的基本生活需求都无法满足，旧金山还能继续保持世界科技之都的地位吗？他们是否真的觉得选民不会觉得受够了而采取行动吗？而且如果对出现这种不平等现象负有责任的人都不愿意一起来解决这个问题，那还有谁会愿意？

可是他们中很多人看似乐意保持自己“非民选的上层精英”身份，就像《赢家通吃：精英阶层改变世界的小把戏》一书的作者阿南德·基立德哈拉达斯所描述的那样，任由我们的公众和机构靠“赢家的残羹冷炙”来度日。实际上，我们应该承担起一项严肃的工作，就是通过改变系统来改变这个世界。

2018年秋季，我看到了一个机会，可以来做些事情，不仅可以带来一些真正的影响力，还可以就企业在解决社会问题中应有的角色，发出一个强有力的信号。以我身为《财富》500强公司首席执行官的身份，我觉得我不仅有责任穷尽一切我能动用的手段来解决这个问题，还应该公开地去做。有必要让我们的员工、客户和同行看到，社会活动并不只是主保圣人、慈善家，或者是非营利机构能做的事。如今，职场中的每个人都既有责任，也有能力来改善这个世界的状况。

在我和我的联合创始人雇用第一个Salesforce员工之前，我们就决定了回馈社会必须是我们企业文化的一个核心信条。从那以后的岁月里，我目睹了这个决定在公司内部产生的涟漪效应有多么强大。不过现在该提出更多要求了。我知道，在针对无家可归现象这场战斗中承担起责任，将更新和复兴我们对“平等”这一核心价值观的投入。

在11月，全市将就名为“C提案：我们的城市，我们的家”的解决无家可归现象的重大提案投票表决，该提案将会提高针对像Salesforce这样的大公司的税率，来资助更多针对这一问题的永久性解决方案。具体来说，这份提案将会对Salesforce以及本城其他最大规模的企业（年收入超过5000万美元的企业）征收收入的0.5%的税收，这将每年为新的基金筹集3亿美元来支付给无家可归者提供的住房和其他服务。个人和中小企业不需要缴纳此项税收。

对我来说，这个方案想都不用想就可以接受。作为旧金山最大规模的雇主，我们需要清晰地表明立场。我们会为无家可归者，还是只是为自己着想？

我决定要把自己的精力集中在让C提案获得通过这件事情上。我明白要是我真心相信企业在现在可以成为改变世界的最有力的平台，而不只是在将来的话，这就是可以证明这一观点的时刻。我很清楚作为一家致力于所有人的平等的公司，我们必须支持C提案，而且我们的高管团队和员工也都同意。

我一开始给C提案拉选票下的功夫很小。最开始，我只是偶尔在推特上发布推文。但随着我越来越意识到这个机会和时刻的重要性，C提案成了我的工作重点。

我在唐人街的那些动员投票集会上发言，也跟我们本地的众议院议员南希·佩洛西（后来再度当选为美国众议院议长）一起在德罗瑞斯公园给上千名旧金山人讲话。我招待社会活动家参加早餐会和晚餐会，并且在当地以及全国电视新闻节目里接受采访。我查看民调数据，举着标语，在推特上发布宣传口号，并佩戴徽章。

到了中期选举临近之际，鉴于C提案的命运悬而未决，我逐渐彻底投入一场激烈的公众选战之中了。在我看来，C提案是旧金山无家可归者和每个人所需要的，也是Salesforce需要的。

为了事关我们利益相关者的事业而战斗，跟准备一次季度分析师会议一样，都是一个首席执行官的本职工作。维护我们社区的健康，跟给我们的客户提供创新科技一样，具有同样的优先级。

没错，我当时准备好了迎接我知道必然会汹涌而至的批评。不过我的装甲已经加厚了。即使这座城市几乎所有的科技公司首席执行官和亿万富翁都联合起来反对我，我也没有一丝一毫的犹豫——主要是因为在之前那些为社会正义而进行的战斗中，我的员工、客户、投资人和合作伙伴，不仅支持我猛烈出击，他们更乐意把我推到战斗中最激烈的地方去。

不过最主要的，是因为如果我们的命运是彼此交织的，那么能有益于无家可归者的，就必然有益于我的公司、我的社群和我的城市。

## 一个企业社会行动主义的新时代

2015年秋天，我受《华尔街日报》之邀，在一场仅面向受邀者的科技会议上发表演讲。《华尔街日报》每年举办一次这个会议。新闻媒体将此次会议描述为一场全球科技领导者、政策制定者和企业家齐聚的峰会，来“关注当今数字化世界在全球范围的希望和挑战”。

我出席此次会议要在台上接受《华尔街日报》的编辑或者记者的采访。我问负责我公关事务的吉娜·谢尔比谁会来采访我。她答道：莫妮卡·兰利。“没听说过。”我回答道，然后请吉娜把她换成某个资深科技新闻记者。不过吉娜让我放心，说她已经调研过莫妮卡了。她是这份报纸的顶尖作者之一，给头版撰写关于首席执行官、亿万富翁和总统候选人的人物特写。极不情愿地，我让步了。

会议当天一早，我和莫妮卡短暂会了次面，以免我们在台上看起来完全互不相识。

“嘿，马克，”她说，“我想让咱们的采访看起来好玩！”这我没有问题，可是她接下来的那句话让我愣住了。

“我打算首先聚焦在你刚刚在印第安纳州为多元性别和性取向者的权利斗争这件事情上，”她说道，“还有，”她加了一句，“顺便我会介绍说你是个活动家首席执行官。”

我最初的反应是困惑：等等，我跟自己说，这不是一个科技专题大会吗？我相当肯定在观众席里的200个来宾想要听我谈论云技术，或人工智能，或者我对数字化未来的愿景。在一场科技大会的台上访谈，大谈我们那场推翻歧视性法案的斗争，让人觉得我不像一个首席执行官，而且也太政治化了。

此外，我很不喜欢“活动家首席执行官”这个称谓——很不喜欢。第一个原因就是这个词从不同的人嘴里说出来，听起来会很不一样，而且如果是从我那个圈子的人嘴里说出的话，很遗憾，几乎没可能是表示褒扬。

第二个原因是这意味着我所做的那些太反常，或者说与首席执行官的样子相差太远，以至于需要加一个特别的标签，这个想法让我从内心感到抗拒。我从不认为你一旦成为首席执行官，就必须抛弃你的一部分个性、价值观和基本人性。我拒绝这么做，而且我明白这样也对公司更加有益。

要是你已经看过本书封面，你应该注意到我的合著者不是别人，正是把我称为“活动家首席执行官”的莫妮卡·兰利。

因此你可以准确推断，既然我们俩都已经一起创作这本书了，那么尽管我心存抗拒，也一定还是继续跟她一起登台了。你这么猜测自然没错，她也问到了我们在印第安纳州为多元性别和性取向者的权利进行的那场斗争——还有在佐治亚州和北卡罗来纳州的。几个月后，莫妮卡给《华尔街日报》写了一篇头版报道，详细描述了“活动家首席执行官”马克·贝尼奥夫是怎样“开启了一个企业社会行动主义的新时代”的。

但在第二年，这个称谓逐渐让我喜欢，或者更准确点说，我变得更加接受这个称谓了。在2017年，我邀请莫妮卡加入了Salesforce，担任高级管理角色。她当时一眼看透了我对自己正在成为的那类首席执行官的角色，依然有着防御心态。

随着时间推移，我已经相信这个世界上有着两种首席执行官：一种是坚信改善这个世界的状况就是他们的使命之一，另一种不认为除了为股东达成经营指标以外，自己还有任何其他职责。

在过去，我敢说绝大多数首席执行官属于后一种类型。他们参与政治几乎是出于自利，仅限于雇用说客或者给政治行动委员会提供资金，来影响有关政策的走向，比如针对税收或者全球贸易的政策。他们严守股东委托其承担的职责，而员工、社群以及整个世界则是退居其次的考虑对象。

我对这种本能并不以为然，不过我完全能理解。20世纪80年代当我还在商学院时，就学过经济学家米尔顿·弗里德曼那句流传久远的名言：“企业有一个而且只有唯一一个社会责任，”他在他那本《资本主义与自由》中写道，答案，显然就是“增加自身盈利”。

在一篇于1970年为《纽约时报》撰写的文章里，弗里德曼的观点极端到认为那些声称公司负有“责任提供就业，消除歧视，避免环境污染，和其他任何流行语”的企业高级管理人员，都是在“破坏一个自由社会的基础”。

恕我直言，米尔顿·弗里德曼错了。他那时候是错的，在当今的环境里，更是错上加错。企业的经营并不只是为股东创造利润。我们现在规模太大，全球化程度太高，而且跟人们的日常生活太息息相关。没错，我们经营是为了提高利润，不过也是为了改善这个世界的状况，以及让利益相关者——不光是股东——提升价值。而且不只是因为服务于全体利益相关者有益于人的心灵，也是因为这么做有益于公司。

数据可以提供佐证。一项由尼尔森公司主持，涵盖60个国家的在线消费者的企业社会责任调查表明，66%的受访者说他们愿意多花一些钱购买那些致力于带来积极的社会和环境影响的公司的产品。2018年德勤千禧一代调查发现，千禧一代认为评判公司经营是否成功，应该不局限于利润，其他重要评估指标包括产生创新的想法、产品和服务；对环境和社会带来积极影响；创造就业机会、职业发展以及改善人们的生活；还有提升工作场所的包容性和多元化。根据2019年度爱德曼全球信任度报告，75%的消费者表示不会购买不道德的公司的产品，同时86%的受访者表示他们会对道德的公司更有忠诚度。

2019年“《财富》首席执行官倡议”在对1100名高级管理人员、经理人和员工调查后发现，87%的受访者认同在企业里，对有道德的领导的需求高过以往。不过，只有7%受访的员工说他们的领导经常或者总是展现出有道德的领导力。这种信念和行为严重脱节，而且那些领导层没能够践行信任和平等这类价值观的企业，将会承担后果。在这个数字化反馈即时的时代，公司及其领导者们不能再对影响到他们的员工、客户和社群的事务视而不见了。

最近几年，越来越多的首席执行官开始对社会和政治事务发表观点，这并不是一个巧合——这些问题已经关乎生存。随着政府和其他强大的机构日渐深陷于党派政治、边缘政策以及长久的僵局之中，企业的参与就变得越来越必要了。在第3章里我提到的不断加剧的信任危机，以及日益增长的教育领域的阶层分化、收入不平等和我们所面临的巨大的环境挑战，已经让我们不可能再推卸责任，袖手旁观了。

就如，贝莱德集团首席执行官劳伦斯·芬克所写到的那样，“利益相关者们正在促使公司参与到敏感的社会和政治事务中去——尤其是当他们看到政府无法有效参与的时候”，还有“随着分化持续加剧，公司必须表现出它们对它们所处的国家、地区和社群的投入，尤其是在那些关系到世界未来繁荣的中心事务上”。

这就是我们的企业有潜力成为改变世界的最伟大平台的原因。就考虑这一个事实：全世界前100名产生营业收入的实体里，70%并非国家，而是公司。我说的就是沃尔玛、苹果、三星和埃克森。在这种公司里工作的人，从首席执行官一直到最新入职员工，不仅有责任，而且有资源，有经济实力在社会事务和推动实际变革上，勇于出头。

2017年，我就亲眼见证了这点。在特朗普当局决定禁止来自7个穆斯林占主导的国家的公民和难民入境美国后，超过175家公司，包括Salesforce、脸书、微软和谷歌，呼吁美国联邦最高法院推翻这一条会“对美国的公司、其员工和整个经济带来实质伤害”而且会使得“美国的公司在招募全世界最优秀人才方面更加困难，更昂贵，并影响其在全球市场上进行竞争”的禁令。

很遗憾的是，联邦最高法院允许该入境禁令做出一些调整后保持效力，不过通过让我们的声音被公众听到，我们改变了国内的讨论话题，将资金和注意力吸引到这一事务上，让越来越多人发出反对的声音，并对政府制定的政策提出法律质疑。。

特朗普当局退出应对气候变化的《巴黎协定》，及其废除《童年入境者暂缓遣返》的决定，也促使许多首席执行官和企业领导者发声反对这些政策，这些公司包括通用电气、苹果等。比如，迪士尼的首席执行官鲍勃·艾格反对白宫退出《巴黎协定》的决定，他在一份声明中说道："保护我们的星球和推动经济增长，对我们的未来都至关重要，而且它们不是相互排斥的。"随后他辞去了一个总统商业顾问理事会的职务。

默克的首席执行官肯尼斯·弗莱泽、通用汽车的首席执行官玛丽·巴拉、IBM的首席执行官罗睿兰是特朗普总统战略与政策论坛的成员。在弗吉尼亚州夏洛茨维尔发生的暴力事件中，一个白人种族主义者驾驶他的汽车撞死一个妇女，总统坚持说此次暴力事件的责任在多方。随后，他们三人带领解散了那个顾问组。

企业就重大事务公开表明立场的例子并不少见。在2018年2月，于佛罗里达州帕克兰市一所学校，发生了夺走17条生命的枪击事件后，达美航空公司终止了向全国步枪协会会员提供飞往参加组织大会的机票折扣。当面对来自那些依然认可一家公司的职责就是纯粹为其股东提供价值这一过时观念的人的指责时，首席执行官艾德·巴斯蒂安告诉《财富》，"我们的决定并不是为了经济利益而做出的，我们也不会出卖我们的价值观……我并非想要成为一个政客，并非想要成为一个社会活动家。我关注的是经营这颗星球上最优秀的航空公司。这其中一部分，就要求我们对我们的客户、员工和社群的合作伙伴们，承担起责任"。

首席执行官在做出决定时，知道这会带来经济上的后果——他们的一些客户会离开。不过毫无疑问，也有很多人——如果不是更多——会留下来。因为他们想要和有相同价值观的公司进行业务往来。

我长期以来一直受到联合利华刚刚退休的首席执行官保罗·波尔曼的鼓舞，他在任期间，把行动主义当作他的企业战略的一部分。在推广生产更健康的产品、改善工人工作条件，以及采用可再生能源资源方面，他一直是直言不讳的。“我们必须让世界回归理性，把社会公益摆在私人利益之前。”他曾经如此说道。在他担任首席执行官的10年间，联合利华的股票翻倍都不止，再次证明了客户愿意把钱花在那些和自己有相同信念的公司身上。

一篇于2018年刊发在《哈佛商业评论》上的文章，也许是对这些趋势的最好的总结，其文中声称“首席执行官参与社会活动已经成了主流”。而且据作者亚伦·查特维吉和迈克尔·W. 托菲尔说，这只是已经开始成为新常态的头几股浪而已。

“首席执行官就社会和政治事务发表意见越多，他们也就越会被期待这么做，”他们写道，补充说，“在一个推特世代，沉默更加显眼，后果也会更严重。”

逐渐地，公司再也不能不去应对这些棘手事务了，即使只是由于他们的员工需要他们这么做。2019年度爱德曼全球信任度报告发现71%的受访员工说他们的首席执行官参与那些富有挑战性的事务是至关重要的，而且全部受访者中76%表明他们希望首席执行官在处理社会事务上，要主动领头，而不是坐等政府来行动。无视这些的企业疏远的不仅有他们的用户和客户，还有最优秀最聪明的人才。

我们过去总是把客户、员工和社群——无论本地还是全球——当作不同的群体对待。不过实际上他们真的并没有那么各不相同。他们都是我们这些公司所服务的一个更大的生态系统的一部分。而且他们现在团结一致，要求我们不仅提供他们所需要的创新产品，还要我们投身于维护他们所关切的价值观。

## 我们的公民义务和企业责任

数以百计的公司已经表现出经营有方和经营向善并不是对立的。这也就是为什么当“C提案”在2018年秋天出现时，我不再觉得我们是在独自推着一块巨石上山了。不过后来看起来，我也没有完全猜对。

我不得不承认，我对无家可归者的支持是有个人原因的。在本书开头你读到过，我还是一个小男孩的时候，经常被我外公马文·刘易斯，在穿越城市街道时给路过的无家可归者20美元大钞的举动所震撼。外公在担任委员期间也曾为无家可归者发声。关于我外公，我最喜欢的一个故事，就是他曾有一次试图在旧金山监督委员会的会议上，播放一部短片，是关于那些无家可归的儿童就流落在“离本市最光鲜的购物区几街区之遥之地”的。市长阻止他播放此片，可他从未放弃抗争。

所以当我和我妻子琳恩开始帮助那些无家可归者摆脱困境，尤其是旧金山的无家可归的家庭时，也许只是在延续我外公的理念而已。在2011年，我们看到了一则由吉尔·特克发表在《旧金山纪事报》上的故事，提到了鲁迪，一个无家可归的四年级学生。她描写了鲁迪跟他弟弟，还有父母一起，是怎样每晚在无家可归者收容所、汽车站篷子下以及公园里过夜的。每个工作日他都要换乘两部公交车到小学上课，又累又饿。

从那时起，我和琳恩已经捐出近2000万美元，来给本市无家可归群体提供住房和服务资金。在2016年，我们向旧金山的Heading Home Campaign捐献了1000万美元，来解决无家可归家庭的问题，在2018年，我们又提供了600万美元，来将位于旧金山田德隆地区的一家旅馆，改造成无家可归者住所。Salesforce.org也已经捐出了接近600万美元，来解决这一问题。

长年以来，我还曾经试图劝说其他人加入我们，以恳求的方式，向几乎每一个本市的高净值人士证明我们所做的事是有价值的。不过我也逐渐意识到，慈善行动本身并不足以产生系统性变化，无法根本解决无家可归现象和其他社会问题。

我本来也没指望能从科技公司那里获得对“C提案”无保留的支持，不过当很多企业和个人直截了当拒绝支持征收此项新税时，还是让我感到吃惊。包括来福车和Stripe在内的公司，以及迈克尔·莫里茨和保罗·格雷厄姆这样的风险投资家，捐钱给“对C提案说不”阵营。有些人还打电话给我，要我也反对这个提案。我倾听了他们从商业角度提出的观点。他们的说法是，这个提案缺乏足够的问责，并且为了解决一个问题而征收企业税，在他们眼里，是一个危险的开端。它在未来将会导致为了解决一批社会问题而征收更多的税赋。接着就是这个结论：支持加税就是没事找事——是一种企业自杀行为！但我觉得无家可归危机是我们城市要解决的一个重大问题，我们必须支持这项提案。

在回应时，我跟每一个愿意倾听的人都说请看一下我们14年的股票走势图，就能知道我们的投资人并没有对Salesforce对自己生活和工作所在的社群做出回报而有所怨言。恰恰相反的是：在2018年，即使整个市场表现是10年里最糟糕的一年，我们的股价还是上涨了31%。自2004

年上市以来，截至2018年6月，我们给予了股东3300%的回报。这些都可以有力证明经营向善和经营有方是一致的。

有些反对“C提案”的公司声称它们的主要担忧，并不是基于它们的利润或者股价——它们说自己是出于为这座城市的福祉考虑而反对这项提案！根据这个反常的观点，在他们超过5000万美元的营收里，征收一项只占到半个百分点的税项，会将租金提升到更加无法负担的地步，并且将它们这些公司——以及它们创造的就业机会和它们缴纳的税款——统统赶出这座城市。我对它们的逻辑深表怀疑，而且它们看不到无家可归问题对它们企业与社群是一个现实的威胁，却只看到一个相对无关痛痒的增值税收这点，在我看来是不合理的。

我估计这些行业领导者对亚马逊于当年早些时候在西雅图击败一项企业税收提案一事有过仔细观察。不过我下决心不让他们按亚马逊的方式来。我也很感激的是，还是有一些企业领导者，比如思科首席执行官查克·罗宾斯和风险投资人彼得·芬顿，都公开支持“C提案”。

不过，在11月6日即将举行投票前，“C提案”依然缺少资金，居于劣势。于是我启用了我的队伍。我向Salesforce高级管理团队提出了一项计划，大家马上就批准了：作为一个致力于实践我们的价值观的公司，Salesforce将捐出500万美元，对此提案的宣传活动提供支持，然后我个人也为此再捐出200万美元。我们政府业务、法律业务和公共事务业务部门的员工也参与了进来。我们制作了电视短片广告，来敦促选民们批准这项提案，并指出居民将不需要为资助无家可归者项目而掏一分钱——这项税收只会影响到大公司，就像我们公司这样的。

投票前一个月左右，根据民调显示，“C提案”正在失去支持。我于是开始了一场包括不间断发推特、媒体受访和发表演讲在内的宣传攻势。说实话，令人筋疲力尽，不过只要是我力所能及，我都会固执地坚持到底，努力去扭转局面。

在这场“C提案”的宣传攻势之中，我的精神指引者，就是和我们这座城市同名的一位圣人，圣方济各，他的这些话语一直给我提供精神力量：“在黑暗的地方，让我们播种光明……在绝望的地方，让我们播种希望。”最后，“因为在给予中，我们收获。”

颇为讽刺的是，恰恰是一位科技公司的首席执行官的反对，最终把局面扭转为有利于“C提案”的。就在离11月6日投票不到3周的时候，杰克·多西——旧金山两家科技宝贝公司，推特和Square的创始人兼首席执行官——在回应我诸多支持“C提案”的推文之一时，写道“我想要帮助解决旧金山和加利福尼亚州的无家可归问题”，@jack这个账号写道，“我不认为（“C提案”）是最佳解决方案”。

我马上就回复了。“嗨，杰克，”我回复推文说，“谢谢反馈。那你现在支持本市的哪个无家可归计划？能告诉我目前推特和Square还有你支持哪个方案？以及投入了多少资金？你又在帮助无家可归的儿童离开大街这方面提供了多少资金？”我早就知道答案了：零。

然后我又指出杰克创办了市值共达500亿美元的推特和Square，并且个人已经从中获取了60多亿美元，同时还因为把办公地点搬到市场街，这条全市主要交通要道，而享受到了特别的减税额。“究竟他以公司和个人名义，给我们这座城市、我们的无家可归项目、公立医院以及公立学校回馈了多少呢？”我反问道。

理所当然，媒体在我们这场被他们称为“推特大战”的事件里抓住机会，出了很多报道，头条标题从“科技巨人互斗”到“科技亿万富翁为了无家可归现象展开大战”。大家大概会觉得这些文章会一边倒地支持我的立场，可惜并非如此。《公司》杂志写道：“不满足于跟扎克伯格发生对抗，贝尼奥夫已经向一群科技公司亿万富翁同侪发下战书……就像最新影片里与摩斯拉激战的哥斯拉一样，贝尼奥夫并不需要把事情搞到现在这副样子。”《快公司》杂志则指责我因杰克反对这项提案而在推特上羞辱他。

在这点上，我的确罪名成立。我按照我的思路，把这件事简化成了二元选择：你要么关心无家可归者，要么就是只关心自己。我高调发表这个观点——然后我的市民同胞们也倾听了。我跟杰克的论战把“C提案”炒成了投票议题里最热门的一个，然后在11月6日当天，“C提案”以强有力的多数通过——支持率高达61%。

这笔每年为无家可归问题提供约3亿美元的新的资金，被用来从全方位解决这场危机。它将提供1000多个新的收容所床位，并新增4000套住房。其中多达7500万美元将会被分派用来治疗那些带有严重心理疾患的人员。它还会给数以千计的居民提供帮助和补贴，来避免他们从自己家里被驱逐出来，对于从源头上帮助旧金山人避免无家可归的命运来说，这点至关重要。

在“C提案”通过后几周，大型科技公司和其他本地公司终于明白过来了。它们的很多员工对自己的领导者未能做出正确的举动而备感失望。这些公司也开始意识到自己的员工和客户一样，对它们有相同的期待。而且在一个像旧金山的科技领域这样竞争激烈的人力市场上，要让这些“客户”高兴，同等重要。我们都很清楚，富有天赋的科技工作者要是觉得在当前的公司里不开心，想另觅高枝是易如反掌的，而这个“不开心”就包括觉得供职的公司并不认同他们的价值观。

这就是为什么在旧金山，爱彼迎针对无家可归现象，正在投入500万美元，以及Twilio的首席执行官杰夫·劳森向湾区的无家可归者服务机构捐赠了100万美元。在西雅图，微软已经启动了一项可负担的住房计划，而且亚马逊也在其园区内为无家可归者提供了资金和场地。

历史上，企业都是持反对加税立场的，但最终也会发现它们需要起到带头榜样作用，通过支持那些能提供资金来解决我们面临的最严峻的问题的机制，把我们的社群和家乡摆在第一位。

不过，在“C提案”通过后几个月里，回顾这场战斗，我还是会对有那么多人表示反对感到惊讶；不光是那些反对加税的首席执行官们，还有一些旧金山的普通人，他们每天都在见证那些流落街头的市民的苦难，却依然反对一项旨在解决这一问题的举措。就在那时我意识到了：并不是“C提案”的反对者并不关心无家可归现象，只是他们对解决这个问题的最佳方案，有别的想法。

这一洞见启发了我和琳恩出资3000万美元，创立了加州大学旧金山分校贝尼奥夫无家可归现象和住房研究计划，旨在打造建立在科学基础上的，可靠和权威的研究项目，来帮助政策制定者、社群领导者和公众理解人们是如何变得无家可归，并找到缓解这一危机的方案。

在无家可归现象上，全世界都急需一颗北极星来指引真相所在。数据很关键，因为它能确保我们所投入的计划是否可以解决无家可归与住房问题。不过大部分人并没有意识到这需要有多少数据的支持才能做到。例如，针对长期无家可归的成年人提供持久的辅助住房，能在85%以上的受益人群里，收获长期住房稳定度，而且与此同时，政府支出也会整体下降。这项计划的总监玛戈特·库谢尔博士正在领导一个研究团队，研究贫困、家庭暴力、年龄、家庭规模和失业办公室到访等因素，来设计预防和终止无家可归现象的最有效方法。

通过依靠医药科学、新兴研究方法，以及数据，我希望我们能不用继续争论哪个方案最好。不再依赖于我们的直觉、假设和狡诈油滑的推销员以及政客提供的部分真相，我们只让科学来引导我们明确自己的立场。

因为一旦我们停止相互争斗，开始齐心协力，变革就能发生了。这就是我们的公民义务和我们的企业责任。

●◆●

当然，企业并不能为所有问题提供答案。领导企业的人也是一样。实际上，常常是那些离“首席”高管最远的人群，最热切地发出需要变革的呼吁。这些正是我们需要结伴同行，帮助戳破我们的泡泡，让我们离开舒适区，提醒我们对社群以及彼此负有的责任。

全世界每天有数以百万计的人们起床，然后去上班，他们不应该抛弃自己的价值观。那些觉得自己可以就一些重大事务发表观点的员工，并不仅仅是更优秀的员工，还是更完整的个人。而我们这些领导者为自己所坚信的事业发出声音的时候，我们也在激励员工这样做。无论我们的个人价值观，或者我们选择奋力维护的具体事务有何不同，通过将投入行动作为一个文化规范，我们就可以赋能职场中的每一个人，使他们成为开拓者、社会活动家、变革的推手。

想象一下这样一个未来：全世界的首席执行官们和他们的公司，将他们致力于解决最复杂商业问题的那份关注和创新，用来解决我们面临的最复杂的社会问题。只要齐心协力，打造一个行动主义的文化，让每个人都能投身于让这个世界变得更美好，我们的这个未来憧憬就能变成现实。

EPILOGUE

# 后 记

2018年1月，此书刚开始创作的时候，旧金山的Salesforce办公楼就正式投入使用了。高达61层，这栋楼是全市最高的建筑，也是密西西比河以西最高的摩天大楼之一。

我不想掩饰——我的确高兴坏了。在这个项目上面我花费了许多时间：在使命街上寻找合适的地点，然后在设计的细节上改来改去，从大堂里的多色彩家具到墙上的艺术风格瓷砖。我很清楚这个项目的竣工标志着这家公司历史上的一个重要的里程碑。

我的确无比自豪。我也知道有些人不喜欢它。

对很多局外人来说，这座带着我们公司名字的大楼，就是一块浮华刺眼的玻璃面墙，遮挡了该市标志性的天际线。他们也许会把它当作某个富豪自我膨胀失控后带来的纪念碑式建筑，或者是他的大建筑物综合征的症状表现。这些都不算为过。我完全理解这些翻白眼的人们的想法。许多人都会把闪闪发光的摩天大楼跟企业最恶劣的奢侈挥霍表现联系起来。

我也知道在这件事情上，那些批评指责都不是真实的。从一个基本的层面来说，我视这座办公楼为向我可敬可爱的外公马文·刘易斯，以及他对包容性进步的热情致以敬意。也许你还记得本书开头的时候提到过，他就是推动另一项规模庞大的建筑工程，也就是湾区捷运建设项目的主力军。他相信，要想真正地服务市民，城市必须发展。而没有建设者，或者高远的抱负，城市无法发展。

我也希望这座办公楼能成为我对家乡表达忠诚的一个宣言。通过这座大楼，我们就等于把Salesforce的总部永远扎根在了旧金山市中心。我们发出的信息是我们会留在这里。我们不会为了在其他地方可能被给予的某些方面的便利、节省成本、税收优惠而离开这座城市。大型办公楼也代表了更多工作岗位的承诺，并且能带动起不少新的企业。我们力图要让自己的存在，对我们的社群有意义且有贡献。

我知道这座全新的61层高的摩天大楼，一定会让我们显得更加高调，招致更多的公众审查。说到底，61层楼的玻璃外墙大厦可不是躲开众人的好地方。所以在我看来，Salesforce办公楼也表明了我们的确致力于透明公开，以及我们的首要价值观，信任。

在走向启用典礼的那几年里，我们的价值观已经深深地融入了这家公司的肌理之中。我知道它们的生命力，绝对会超过我担任公司领导者的时间，而且我也相信将来无论谁接任这个岗位，只会更看重我们的这些价值观。所以为什么不建造一座人人都能看得见的建筑呢？

在剪彩仪式中，唯一让我陷入悲喜交加情绪的，就是两位启发我踏上旅程，走到那个位置的前辈的缺席：我爸爸，2012年去世的罗素・贝尼奥夫；和我外公，1991年去世的马文・刘易斯。我知道他们的在天之灵其实就在现场，不过我真的愿意付出一切，来看到他们看到这座大楼时的表情。不过，回想起我还是个小孩子时，跟着外公穿行在城市里的那些日子，我相当确信他肯定会万分赞同的。

在我们搬进了Salesforce大楼的几天后，我迫不及待想要扔下我那些没开封的纸箱，到外面走走。我当时就能感觉到我的目的地会是哪里，于是两分钟后，我就来到了湾区捷运的内河码头站，也是众多Salesforce员工每天早上上班的必经之地。

不过我并不是去搭乘捷运的。我是来看嵌在墙上，一块小告示牌一样的花岗岩铭牌的。这块铭牌是向我外公致敬的。

每一次我经过这个车站，我都会停下来读一下铭文，其中把马文·刘易斯称为“捷运先锋”，是他的“坚定不移的精神”和“不屈不挠的毅力”，给这座城市带来了一份具有“无可比拟的价值”的礼物。

我必须承认这种说法略有夸张了。不过请记住，这些文字是在一个更为单纯的时代写就的，当时的人们更愿意信赖英雄人物，即使是有瑕疵的那些。我外公是很不错，可他也当然不是完美无缺的。这世上没有人能做到。

事实是，这座人来人往的车站，最早也只是一个人头脑里模糊的构思而已。毫无疑问，巨大的成本以及复杂性也随之而来。不过有两件事实也值得提一下。第一就是湾区捷运已经成为旧金山的主要交通枢纽，以及经济引擎。而第二就是它所创造的无法计算的价值，正是从激发它诞生的价值观里产生出来的。

在我心中，这座办公楼是我渴望永远保有的开拓者精神的纪念碑，是一种理念的纪念碑：在未来，企业价值的最高形式，由最高形式的人类价值观来引导。

●◆●

我第一次听到克劳斯·施瓦布说起“第四次工业革命”这个词时，我脑海里就冒出了一个卡通灯泡的样子。

我曾长期怀疑，在我有生之年见证的飞速的科技变革，在人类历史上是独一无二的。当然，我也理解近因和量级的概念，也就是说人们总是倾向于将自己周围发生的事情当作是非凡的。不过克劳斯让我们确信，它的确如此。

纵观人类历史，众多勇敢和乐观的先辈，以及他们发起的运动，为后来的世代开拓了道路。

在过去的70年间，我们不仅目睹过黑暗时刻，也见证过令人难以置信的人类进步的飞跃：比如全球贫困的稳定减少、随着教育越来越普及而上升的读写能力、民主和自由市场经济的扩散、不存在灾难性战争等。现在出生的人们很可能会拥有更长的寿命，因为对人们幸福安康的直接威胁越来越少了。

即使如此，我们还是有很多工作需要去做。威胁我们生态系统的气温攀升、污染我们海洋的塑料废弃物，以及以每秒一英亩的速度发生着的全球森林砍伐，就是无法回避的几个问题。

第四次工业革命使得科技在这个展开的故事中成为主导角色。这个故事的结局会如何，完全取决于我们选择利用这个时代所创造的优势做什么。

一方面，在人工智能、量子计算、机器人技术、信息联通，以及基因工程方面的进展，可以被运用到让我们更健康、安全和繁荣的方向。

另一方面，要是我们不够小心，这些创新成果也可以被用来进一步加剧不平等、加速这颗星球的毁灭进程，从而带来灾难性的伤害。

从一个角度来说，“工业革命”这个说法是有误导的。科技也许能加速变革的步伐，但是下一次革命的特征将是不那么有形的事物。它将不是关于拥抱新的机器或新的科技，甚至不是关于新的创意——它是关于采用一种新的思维模式。

在过去，我们依靠科技、商业、科学和医药方面的进步，来改善人类的福祉。不过第四次工业革命已经将我们带到了一个新的拐点。从此以后，科技本身具有的边际效益会开始衰减，而它无意间带来的后果的复杂性会开始提高。如果我们现在不采取行动，这两股力量将最终交叉，然后快速变革带来的成本将会超过带来的收益。简单来说，我们正处在一个十字路口，从这一刻开始以后，我们采取的行动会对我们留给后代一个什么样的世界产生决定性影响。

我在此要做一个大胆的宣言：未来的历史学者们可能不会认同我，当然你们也不必认同我，可我认为该思考一下第四次工业革命是不是已经到头了，该让位给一个新的时代了。

我们已经经历了一个创新和创造力生机勃勃的时代。第五次工业革命是关于为了人类共同利益，寻找利用所有这些“进步”的方式。在未来，成功与否将取决于在使用创新和创造力的成果时，是否将人类和这颗星球的福祉摆在首位。

在这场处在进步和破坏之间的赛跑中，我们不能把时间浪费在试图选出赢家与输家。我们的命运是紧密相连的。我们需要开始推动一种全新的全球议题，围绕着将这个世界打造成一个更公正和平等的地方，同时还要消除我们对天空、海洋和森林造成的破坏。

2019年之春，就在我写下这些话之际，我一直在思考在未来几年，将会在劳动力中占主导的世代。2018年德勤千禧一代调查发现，千禧一代和Z世代希望他们的企业领导者在给世界带来积极影响，以及帮助他们的组织和员工为第四次工业革命带来的变革做准备这些方面，要表现得积极主动。

如果这一调查发现准确的话，那么其对企业的影响是惊人的。现在，以及将来，人们所从事的工作的性质，以及他们所在的工作场所环境的性质，将比企业以往关注的那些表面“成功”更为重要。

当然，这不是关于光鲜现代的办公大楼。这份德勤调查以及其他大量调查已经表明，如今的员工，尤其是年轻一代，已经越来越投身于在工作中达到更高的目标。所以无法满足这一基本人性需求的企业，将会发现自己的生存时间已经不多了。

对那些希望在即将到来的时代繁荣发展的企业，问题已经不再是：我们是否经营有方？

而是：我们是否经营向善？

在这本书中，我已试图向你展示这两个问题已经变得密不可分了。随着第四次工业革命持续重塑我们的生活，做不到经营向善的经营有方已经不再是可选的了。面对未来不可避免的变革，我们需要达到一个被我称为彻底信任的高度，也就是说员工和其他利益相关者不再需要去要求公司有向善的价值观。当处于彻底信任的状态时，每一家企业都能培育出一个以价值观为基础的文化，并且成为改变世界的强有力的平台。

●◆●

我们现在采取的行动，将决定这个故事会如何结束。我并不指望这些行动会是容易的。不过我有充分的理由保持乐观态度。

我乐观地认为我们可以打造可信赖，致力于所有利益相关者的成功，并且推动创新从而让世界变得更美好的公司、政府和组织。我从我遇见的成千上万年轻人的理想主义和行动里受到激励，不光是在商业领域，而且是在所有方面。他们并没有坐在一边袖手旁观。他们在工作中大胆表达，而且通过奉献志愿者服务工时、捐赠资金、参与社会事务、参加集会和示威、做出决策，以及以消费者的身份，减少自己对环境的影响并且褒奖采取同样行为的公司，来支持自己的信念。

我也相信我们能把工作场所变得更有包容性，而且这样做能让我们做出更好的商业决策。只有当所有人——不论性别、种族、民族和倾向——都能被代表，我们才能完全运用他们基于各自不同背景和经验的宝贵智慧。

我决定给此书起名为“开拓者”，因为就其核心而言，这本书就是关于引领变革，这些变革将定义未来成功的公司和个人。

不过，通常来说，当商业领导者们谈论未来的变革和创新时，他们也就是着眼于未来5年或者3年或者1年（如果不是短视到只看下一季度的话）。但是，成为一个真正的开拓者，就需要看得更长远：这里我说的是20年、50年，或者100年——或许再远一些。如果这听起来有点走极端了，只要想象一下你自己在生命的暮年，坐在一张摇椅上，琢磨自己是不是本应该在帮助拯救这颗星球或者消灭无家可归现象或者保障全体教育公平方面，做得更多一些。想象一下要是你的孙辈或者重孙辈问起你是否本可以做得更多的时候，你能跟他们说些什么吧。

成为开拓者，并不只是关心如今的利益相关者——它也是给后代的利益相关者创造一个更好的世界。

我谦卑，同时急切地，邀请你加入我的行列。

# ACKNOWLEDGMENTS
# 致　谢

在这本书中，我提到了我们Salesforce的四个核心价值观，以及价值观是如何创造价值的。有那么一段时期，我曾经思考过我们应该还有第五个核心价值观：感恩。说到底，我们都是彼此相连的，没有人能独自成就任何有意义的事。保持谦卑心，珍视所有激励和鼓舞过你的人的贡献，是相当重要的。而且感恩是信任的重要组成部分，因为通过表明我们对那些信任我们的人的感恩，我们是在表达自己的信任。

如果没有我们的利益相关者的支持、鼓励和信任，Salesforce将只是一家普普通通的公司。这也是为什么任何一个Salesforce高级管理人员在全世界做的展示——无论是我的主题演讲，还是一个客户展示，或者一次内部会议——都会以4个字开头：谢谢你们！

我们心存感激，是因为我们认识到人人都有选择的余地。我们的客户可以选择我们的竞争对手之一。员工可以选择到别的公司工作。合作伙伴可以选择不支持我们的产品。股东可以选择投资其他公司。我们的社群可以选择拒绝我们。我们对能有机会赢取，而不是由他们施舍给我们那些信任而感恩。

带着感恩的心，在这本书终了之际，首先，也是最想要感谢的，就是每天激励我的Salesforce的员工、客户和合作伙伴。我也要感谢那些每天激励我变成一个更优秀的人的所有社群成员。

通常来说，一个企业领导者会坐下来，在一个安全宁静的地方写书，就像他已经知道所有答案。那你现在也该知道了，我不是这样的——Salesforce也不是这样的。毕竟，这本书并不只是我身为首席执行官的心路旅程，这也是我们作为一家公司，一个Ohana，我们的利益相关者大家庭的成长旅程。

在此书中我提到的一点，就是在一个所有事物和所有人都以前所未有的程度相互联结的世界里，你没法把自己彻底与世隔绝。这也是为什么我会把图书初稿分享给Salesforce数百名同事以及我的朋友和顾问。他们的反馈——想法、故事和视角——都是无价之宝。

我不知道是否曾有过哪个首席执行官采用这样的方法写书——不过这正是我提到过的，要在任何地方，所有角落寻找创新。

我很感谢我的合著者莫妮卡·兰利。没有她的卓越努力，这本书将不可能出版。除了担任Salesforce的执行副总裁以外，她还帮助打理《开拓者》一书的方方面面。我们也花费了无以计数的时间，一起从我儿时直到当下的生活经历中，搜寻故事素材，来展现我是如何逐渐相信企业可以成为改变世界的最伟大平台。

我还要感谢Salesforce的传播主管丹·法珀，他对我们公司以及科技领域有深入的了解，他的创作、编辑和建议对此书至关重要。感谢山姆·沃克，《船长一课：一套全新的领导力理论》一书的作者，也是一位专栏作家，以及莫妮卡在《华尔街日报》的前同事，对这些文字进行了巧妙而有见地的编辑，丰富了此书。我还要感谢塔莉亚·克罗恩，来自兰登书屋的相当细致入微的天才编辑，她彻底沉浸在Salesforce的文化之中，甚至在Dreamforce大会上待了整整一周。

我和莫妮卡也想对我们的家人表达感谢和爱意。

最后，在这本书的最后，我对每一个花时间阅读我故事的人表达真挚的感谢。